KB038525

죽음의 대천사

생쥐스트

프랑스대혁명의 젊은 영웅

일러두기

1. 이 책은 Ralph Korngold, *Saint-Just*(Bernard Grasset, 1937)를 완역한 것이다.
2. 외래어 표기는 국립국어원 표준표기법을 따랐다.
3. 문장 부호는 다음의 경우에 따라 달리 표기했다.
　『 』: 책·신문·잡지, 〈 〉: 음악·회화·조각·시
4. 그림과 사진은 다음과 같이 표기했다.
　〈 작품 제목〉, 종류, 작가 이름, 제작 시기, 소장처, 기타 설명 순.
5. 각주와 도판 설명은 역자가 붙였다.
6. 지명은 지도에 표시했다.

죽음의 대천사

생쥐스트

프랑스대혁명의 젊은 영웅

랄프 코른골트 지음
정진국 옮김

NALE

〈국민공회〉, 조각, 프랑수아 시카르, 1913, 팡테옹.

Vivre libre ou mouri

위인들의 유해가 있는 국립묘지 팡테옹에 들어서면 거대한 조각 〈국민공회〉가 눈을 사로잡는다. 프랑스대혁명 기간 동안 프랑스 전체를 공포로 몰았던 국민공회[1]의 상징물이다. 가운데 공화정의 여신은 프리기아[2] 모자를 썼다. 여신의 오른쪽에는 혁명의 주역 로베스피에르와 당통, 데물랭이 로마 사람처럼 팔을 뻗어 경의를 표한다. 왼쪽에는 군복을 입은 젊은 남성이 말을 타고 무장한 상퀼로트[3] 무리를 뚫고 앞으로 나올 듯 있다.

　방문객들은 보통 이 기사를 나폴레옹이라고 착각하고 안내 인은 미국 관광객들에게 그를 라파예트 장군이라고 소개하기도 한다. 나폴레옹처럼 보이기도 하지만, 조각가 시카르[4]가 프랑스 혁명군의 위력을 상징하려고 선택한 사람은 생쥐스트였다.

1　국민공회Convention nationale(1792.9.20~1795.10.26). 튈르리궁을 공격해 왕 정을 무너트리고 들어선 공화정의 의회. 산하에 위원회들을 두어 행정부 역할 도 했다. 좀 더 실질적인 행정기구 파리 코뮌 집행부와 혁명 권력을 분점했다.
2　프리기아 모자Bonnet phrygien. 고대 아나톨리아(터키) 중부의 프리기아 Phrygia에서 유래한다. 고대 로마에서 해방된 노예가 쓴 모자로 자유의 상징이 되었다. 프랑스 혁명 당시 혁명군의 상징 모자였다.
3　상퀼로트 Sans-culotte. 빈곤층에 속하며 급진적인 혁명을 추구한 민중을 지칭한 다. 당시 무릎까지 오는 반바지 퀼로트를 입은 귀족 남성과 비교해 발목까지 내 려오는 긴바지를 입어 붙여진 이름이다.
4　시카르François-Léon Sicard(1862~1934). 프랑스의 조각가.

생쥐스트가 위대한 혁명가이긴 하지만, 미라보와 로베스피에르, 당통 또는 마라보다 프랑스대혁명의 주역은 아니라고 생각할 수 있다. 카미유 데물랭이 그보다 더 잘 알려져 있다. 그러나 생쥐스트는 혁명 과정에서 그 모두를 압도했다. 그의 영향은 의심할 여지 없이 당통과 마라보다 클 것이다.

그가 엑스트라처럼 보인다면 (27세에 사망했으니) 너무 젊었던 탓이다. 로베스피에르의 그늘도 너무 짙었다. 그러나 공포정치로 치닫던 혁명 막바지에 진정한 주인공은 생쥐스트였다. 절대로 '부패할 리 없는' 로베스피에르 못지않았다. 생쥐스트는 공포정치의 살아있는 상징이었다. 희생을 무릅쓰고 결연하게 나라 안팎의 적들과 대결했다. 그는 혁명 그 자체였다. 철학자 텐[5]은 생쥐스트를 '시퍼렇게 살아있는 대혁명의 칼'이라고 했다. 동시대 사람이던 바레르와 르바쇠르도 테르미도르의 반동(1794. 7. 27.)만 아니었다면 혁명 과업은 생쥐스트가 완수했을 거라고 보았다. 또한 레스퀴르[6]는 생쥐스트와 나폴레옹이 영웅적 권력 투쟁을 벌여 프랑스대혁명을 끝냈을 거로 생각했다.

나폴레옹과 생쥐스트는 가장 위험한 적수가 될 뻔했다. 두 사람은 빠

---

5 이폴리트 텐 H. Taine(1828~1893). 철학자, 사상가, 비평가, 역사가. 『프랑스 현대 역사의 기원』은 과학적 객관주의를 선언한 기념비적인 역사 분석서이다.
6 아돌프 레스퀴르 Adolphe de Lescure(1833~1892). 역사가. 『무너진 혁명의 팡테옹』(1864)에서 언급했다.

른 판단력과 실용적이고 깊은 통찰력, 지칠지 모르는 활력, 그리고 냉철한 야심과 확고한 목적의식으로 여론에 휘둘리지 않았다. 이들이 대결했다면 영웅들의 결전이었을 것이다. 둘 다 젊고 잘생기고 용감했으며 입법과 행정, 조직 능력이 뛰어났다. 두 사람 모두 열정적으로 지휘했다.

올라르[7]와 미슐레[8]도 두 사람은 비슷한 점이 많다며 놀라워했다. 생쥐스트를 들여다보면 나폴레옹을 떠올리게 되지만, 훨씬 냉정하고 추진력 있으며 다재다능한 이는 생쥐스트이다. 두 사람은 근본적인 차이점도 있다. 나폴레옹은 무신론자였고 생쥐스트는 범신론자였다. 그는 공정한 스파르타 같은 프랑스, 부유층과 빈곤층으로 갈리지 않은 유럽을 꿈꿨다. 나폴레옹은 자신의 야망만을 좇았다. 마담 드스탈[9]은 나폴레옹을 '말 탄 기사 로베스피에르'라고 불렀지만, 기사라는 표현은 생쥐스트에게 써야 제격이다. 생쥐스트가 세계를 상대로 승리한 바탕은 '로베스피에르 이념'이었다. 당시 가장 이상적으로 본 평등사회에 관한 사상이었고 초기 공산주의 사상가들과도 같은 생각이었다.

7   올라르Alphonse Aulard(1849~1928). 역사가. 과학적으로 확인된 실제 기록
    연구를 중시했다. 생쥐스트를 재평가했다.
8   쥘 미슐레Jules Michelet(1798~1874). 역사가. 역사를 살아있는 것으로 부활시
    키려 했다. 프랑스대혁명에서 생쥐스트의 중요성을 재평가했다.
9   마담 드스탈Madame de Staël(1849~1928). 낭만주의 소설가이자 비평가. 루이
    16세의 재무장관을 지낸 자크 네케르의 딸이다.

로베스피에르를 저주하는 사람들도 생쥐스트에 대해서만큼은 감탄하곤 한다. 의연하면서도 용감한 청년에게 매료된다. 그를 혹평한 철학자 텐이 쓴 일부 구절은 오히려 진정한 찬사처럼 느껴지며, 부정확하고 편파적으로 생쥐스트 전기를 쓴 플뢰리[10]조차도 그를 '훌륭한 위인'으로 인정했다. 미슐레는 "그의 글과 발언, 어디에서나 영웅성이 번뜩인다"라고 평했다.

올라르는 "그는 현실 인식이 명쾌하다. 통찰력과 대담성, 유능함으로 행정에 적성과 재능이 있었다. 테르미도르 반동을 조금이나마 뒤에 겪었다면 생쥐스트는 충분히 격파했을 텐데……"라며 아쉬워했다. 그리고 바레는 "생쥐스트는 위대함의 상징이다"라고 했다. 로베스피에르와 생쥐스트 시대의 사람들은 생쥐스트가 훨씬 눈에 띄는 인물이었다는데 이의가 없다.

르바쇠르[11]는 "당시 사건들을 가까이서 본 나는 감히 말할 수 있다. 생쥐스트는 로베스피에르보다 더 중요한 역할을 했다"라고 증언했다. 끝으로 카르노는 "생쥐스트는 동료보다 훨씬 뛰어났지만, 오만함이 도를 넘었다"라고 했다. 반면에 왕정파는 생쥐스트를 자신들의 가장 강력한 적으로 여긴 것 같다. 이러한 사실은 당시 왕정파 팸플릿에 수록된 것으로 더 악한 역을 맡으려 하는 악마와 아내의 다음과 같은 대화에서 알 수 있다.

---

10 플뢰리Edouard Fleury, 『생쥐스트와 공포정치Saint-Just et la terreur』(1852).

11 르바쇠르Rene Levasseur(1747~1834). 외과의 출신의 국민공회 의원. 몽타뉴 클럽에서도 강경파로 지롱드 회원을 비롯 많은 사람의 처형에 일조했다.

악마의 아내 : 나는 미라보 역을 맡을래.

악마 : 그래? 별거 아니구먼. 나는 로베스피에르를 맡지.

악마의 아내 : 아냐. 그럼, 내가 생쥐스트를 할 거야!

그러자 악마는 못마땅해하면서 아내의 제안을 따르기로 했다.

생쥐스트가 프랑스대혁명에서 얼마나 중요한 인물인지 강조하는 증언은 많다. 관심을 끌기 위해 팡테옹 기념 조각상의 생쥐스트를 라파예트 장군처럼 보여야 한다면 이 말을 기억해야 한다. 더구나 라파예트는 민간인으로서든 군인으로서든 무능하다고 나폴레옹이 혹평했던 인물이 아니던가!

가장 빠르고 강하다고 해서 반드시 최종 승자가 되는 것은 아니다.

1936년 파리

랄프 코른골트

차례

프랑스대혁명

바스티유 습격 ~ 테르미도르 반동

1789. 7. 14.~1794. 7. 27.

〈함락된 바스티유〉, 유화, 위베르 로베르, 1789, 카르나발레 박물관.

어린 시절

바스티유 습격사건 1789. 7. 14.

1766년 5월 21일, 기병대원이 조용한 프랑스 시골 마을[12] 법관 관사 앞으로 황급히 달려왔다. 그는 하인에게 문서를 전하면서 당장 답장받아달라고 했다. 요란한 소리에 주민들이 몰려들었다. 법관은 문서를 펼쳤다. 이웃 마을 드시즈에 사는 마리안 로비노[13]라는 여성이 급하게 갈겨쓴 청원서였다.

자신은 '이미 혼기를 넘긴 31세' 여성으로 생루이 기사단의 기사이자 기병대장, 베리의 헌병중대장 루이장 드생쥐스트와 결혼하려는데 아버지가 완강하게 반대한다. 아버지는 왕실 공증인이라 다른 공증인들도 불쾌함을 주고 싶지 않은 상당한 인물이다. 따라서 법관이 공증인을 추천해 아버지에게 결혼 허락 명령

---

12 생피에르 르무티에Saint-Pierre-le-Moûtier. 프랑스 중부 니에브르 지방.
13 마리안 로비노Marie-Anne Robinot(1734~1815). 니에브르 지방 드시즈 지역
    유지로서 공증인이자 소금 창고 관리 레오나르 로비노의 딸이다.

을 내려달라고 애원했다. 편지를 읽은 법관은 청원을 허가했다. 몇 분 후, 정식으로 청원서를 돌려받은 기병은 즉시 말을 몰아 32킬로미터 떨어진 드스즈 마을로 향했다.

마리안이 청원서에 밝히지 않은 사실이 있었다. 신랑감은 50세에 가까운 나이라 아버지로서는 당연히 반대할 만했다. 그렇지만 루이장은 길쭉한 매부리코에 얇고 차가워 보이는 입술에도 번듯하고 훤훤한 외모의 기사였다. 번쩍이도록 광을 낸 제복과 분가루를 뿌린 가발 차림을 한 그에게 여자들은 설레었고 특히 서른이 넘은 여성의 눈을 사로잡았다. 게다가 그는 고향 피카르디 지방 낭프셀에 땅도 조금 있었다.

'생쥐스트'라는 이름은 화려하지만 귀족은 아니었다. 조상 대대로 농사를 짓다가 훗날 지역 귀족 수하에서 징세관으로 일했다. 수입이 상당해지자 그때부터 꽤 신분이 상승했을 것이다. 루이장과 마리안 모두 평범한 집안 출신이다. 다만, 마리안의 집안은 과거 몇 세대 동안 빵집이나 염색집을 하며 착실히 모은 재산으로 마리안의 아버지를 공증인으로 키워냈다.

마리안은 노처녀로 남아 있었다. 딸을 미워하는 것은 아니었지만, 홀아비였던 아버지는 딸에게 살림을 맡기고 편하게 지내려고 청혼을 거절해버렸다. 고분고분한 성격의 마리안은 서글피 체념했다가 어느 날, 더는 못 참고 집을 나왔다. 아버지와 남자 형제들에게 용감히 맞서기로 결심했다.

마리안은 초조한 마음으로 정중하게 아버지에게 결혼 허락을 권고할 법관의 전령을 기다렸다. 답장은 오후 늦게 받았지만, 마리안은 다음 날까지 기다리지 않았다. 가장 화려한 드레스를 입고 공증인과 증인 두 명의 호위를 받으며 아버지를 만나러 집으로 들어섰다.

늙은 아버지는 딸을 따뜻하게 반기지 않았다. 딸을 외면하고 밖으로 나가버렸다. 경위서만 작성하고 사본을 아버지에게 전하도록 하녀에게 지시했다. 이튿날 오후, 마을 사람들은 법적으로 아버지를 닦달하려는 딸의 행렬을 목을 빼고 구경했다. 이번에는 아버지가 꾀를 부려 딸과 마주치지 않았다. 한 시간을 기다린 끝에 두 번째 경위서를 하녀에게 주었다. 다음 날 마지막으로 세 번째 독촉했다. 이번에는 대단한 아버지도 빠져나갈 수 없었다. 그는 말없이 방을 다시 떠났고 마리안이 평생 소녀들에게 가장 존경받는 존재로 자신을 증명하도록 내버려 두었다.

마침내 걸림돌이 사라졌다. 먼저 결혼서약서에 서명했다. 마리안의 외삼촌 샤를 두니가 샹프로베르 마을 성당의 겸임 사제로 있던 사제관에서 약혼식을 치렀다. 많은 사람이 왔지만, 마리안의 아버지와 남자 형제들은 참석하지 않았다. 대신 조카를 몹시 아끼던 친삼촌이자 가톨릭 신부 앙투안 로비노가 주례를 섰다. 엿새 뒤 베르뇌유 교구 성당에서 최측근만 모아 결혼식을 올렸다. 시골이라 신랑과 신부의 나이 차가 크다고 이웃이 수군거릴까 조심했다. 어쨌든 이 결혼은 심심한 시골 마을에서 대단한 이야깃거리가 되었다.

생쥐스트의 어린시절

우여곡절 끝에 결혼한 두 사람 사이에서 첫아들이 태어났다. 프랑스대혁명 시기에 로베스피에르[14]와 당통[15], 마라[16]와 함께 가장 열심히 싸운 혁명가 루이앙투안 드생쥐스트였다. 그는 1767년 8월 25일 드시즈에서 태어났다. 얼마 뒤 그의 부모는 루이앙투안을 베르뇌유 마을의 유모에게 맡겼다. 루이장은 제대 후 고향 낭프셀 땅으로 이주했다. 유모가 살던 집은 그의 삼촌이자 대부 앙투안 로비노의 성당 맞은편에 있었다. 그렇게 다섯 살 때까지 어린 루이앙투안은 훌륭한 사제의 보살핌을 받았다.

1771년, 외삼촌 앙투안 로비노가 사망하자 루이앙투안의 부모는 드시즈로 돌아왔다. 그 사이에 여동생 둘을 낳았다. 마리안은 친정아버지와 화해했고 가족 모두 친정에서 함께 살았다. 마리안의 친정집은 넓은 안마당을 끼고 있었다. 축대 곁에 있는 집은 너무 넓어 망가진 후에는 숙박시설로 만들었다. 그곳에서 호기심 많은 어린 루이앙투안은 지하창고와 다락방, 곳간, 지붕 밑 방, 헛간, 은신처, 후미진 곳을 돌아다녔다. 청회색 눈과 갈색 머리의 매우 예쁘고 부산스러운 아이였다. 그는 여동생들의 인형을 짓궂게 망가뜨렸고 그림 그리기를 좋아했다.

---

14 로베스피에르Maximilien Robespierre(1758~1794).
15 당통Georges Jacques Danton(1759~1794).
16 마라Jean-Paul Marat(1743~1793).

외할아버지가 돌아가셨을 때 루이앙투안은 아홉 살이었다. 부모는 가족이 있는 낭프셀 마을 집으로 다시 돌아갔다. 중세의 성 밑에 있는 커다란 농장으로 마을과 그 주변이 내려다보였다. 낭프셀에서 조금 떨어진 블레랑쿠르 마을은 숲 한 가운데 있었다. 그곳에서 루이장은 여생을 보내기로 했다. 그는 61세였다. 등은 굽었지만 건강했다. 그의 아버지가 90세에 가깝게 살았으니 루이장은 늦게 결혼했어도 자식을 키우고 손자를 낳지 않을 이유가 없었다. 그래서 그는 블레랑쿠르에 정착했다.

　　그가 구입한 집은 수수해 보여도 꽤 안락했다. 넓은 정원은 개울로 둘러싸였고 소사나무 그늘은 시원했다. 루이장은 머지않아 지역에서 명사로 대접받았다. 그는 조용히 살았다. 때때로 자신이 귀족 신분이 아니어서 진급하지 못했다고 불평했다.[17] 1777년 9월 8일, 이곳에 온 지 1년도 채 지나지 않아 루이장 드생쥐스트는 침대에 누워 영원히 눈을 감았다. 은빛 술로 장식된 주홍색 제복과 가발을 갖춘 채 입관 준비를 마쳤다.

수도회 기숙학교 생활과 파리 상경

남편을 잃은 어머니는 아들 루이앙투안을 수아송에 있는 생니콜

17　생쥐스트의 아버지는 28년간의 복무와 무공으로 생루이 훈장을 받고 하사관으로 퇴역했다.

라 오라토리오 수도회 기숙학교로 보냈다. 교육을 담당한 수도사들은 완고하고 무능했다. 오히려 학생들에게 그리스와 로마의 공화주의 사상을 심어줌으로써 혁명에 무의식적으로 봉사했다. 동시에 중세 수도사처럼 절식節食을 강요해 한창 먹을 나이인 학생들은 영양실조에 걸릴 지경이었다.

비슷한 학창 시절을 보낸 탓에 로베스피에르와 데물랭[18], 브리소[19] 같은 국민공회 의원들은 얼굴색이 누렇다. 틀림없이 학창 시절 식이요법으로 간이 망가졌기 때문이다. 생쥐스트는 그 정도는 아니었지만, 안색이 창백했다. 19살 때까지 기숙사 생활을 했지만, 규율을 잘 따르는 학생은 아니었다. 하루는 반항을 선동한 벌로 지하 독방에 갇히기도 했다. 수도원에서 그에게 준 그날그날의 양식은 창밖으로 던져버렸다. 그는 타협 없는 성격이었다.

생쥐스트는 고전을 탐독했다. 플라톤과 타키투스, 플루타르코스는 가장 좋아하는 작가였다. 그들을 모범으로 삼아 말하고 행동했다. 새 헌법 초안을 준비하면서 에로 드세셸[20]이 비극을 다

---

18 카미유 데물랭CamilleDesmoulins(1760~1794). 변호사 출신 언론인. 로베스피에르와 루이 르그랑 중학교 동창생이다. 당통과도 친분이 깊었다.

19 자크 피에르 브리소Jacques Pierre Brissot(1754~1793). 국민공회 의원. 지롱드 클럽의 지도자.

20 에로 드세셸Marie-Jean Herault de Sechelles(1759~1794). 국민공회 의원. 1793년의 '인권과 시민의 권리' 선언 작성에 참여했다. 부패죄로 당통 계파와 함께 단두대에서 처형되었다.

룬 고전[21]을 그저 참고하는 정도였다면 생쥐스트는 직접 그 비극을 겪고 느꼈다. 그래서 혁명 동지 당통을 부패 혐의로 공격하며 처형으로 이끌 때 생쥐스트는 "로마 사람들 이후로 세상은 얼마나 공허한가!"라며 쓸쓸하게 탄식했다.[22]

소크라테스를 비롯한 리쿠르고스, 스키피오, 카토, 그라쿠스 등 고대 영웅들이 곧 그의 영웅들이었다. 생쥐스트는 점차 이들을 모범으로 삼았다. 그리고 다소 공공연하게 볼테르와 루소, 마키아벨리, 마블리[23], 몽테스키외의 책을 읽었다. 그 시절에 큰 영향을 미친 사람은 루소가 아니라 몽테스키외였다.

생쥐스트는 방학에는 집으로 돌아와 가족과 함께 보냈다. 집에 머무는 동안 공증인의 딸 루이즈 줄레[24]를 알게 되었다. 두 사람은 세례식장에서 만났다. 몇 살 연상이던 루이즈는 얼굴에 주

---

21   볼테르의 『미노스의 법』(1771). 사람을 제물로 바치는 고대의 악법을 폐기하려는 투쟁을 담은 비극.

22   미슐레는 생쥐스트가 당통을 고발할 당시 분위기를 전한다. "생쥐스트는 당통이 민중 봉기를 선동해 '모든 혁명 동지를 말살하려 했'다고 보았다. 모두 고개를 숙였다. 가슴을 조이며 비통해했다. 담담하고 나직하게 말했지만, 변함없이 쇠북을 두드리듯 말했다. 증오로 격앙된 목소리였다. 당통에게 말했다. '위선자! 데물랭을 험담했던 당신이, 당신의 수족이던 데물랭을, 바로 당신이 그를 수치스럽게 타락시켰소.' 생쥐스트는 그들을 죽음으로 몰아갈 때조차 독설을 퍼붓고 우정의 눈물과 포옹조차 외면했다."(『프랑스대혁명의 역사』 17권 4장).

23   가브리엘 보노 드마블리 L'abbé Gabriel Bonnot de Mably(1709~1785). 프랑스 철학자. 소유와 평등에 관한 급진적인 사상을 내놓았고 근검한 고대 사회를 높이 평가했다.

24   루이즈 줄레 Louise-Therese Sigrade Gelle. 1785년 말의 일이다.

〈쿠시성〉, 판화, 1780, 스코틀랜드 국립도서관.
Le chateau de Coucy. 13세기에 지은 성.

근깨가 돋은 예쁜 금발 소녀였다. 둘은 마음이 통했고 비밀리에 만났다. 생쥐스트는 시를 지어 루이즈에게 읽어주기도 했다.

　어느 날, 폐허가 된 쿠시성에서 생쥐스트는 해묵은 요새에 얽힌 역사를 쓰겠다는 포부를 드러냈다. 자신은 평범하게 살기는 글렀다면서 열렬한 모험에 뛰어들 운명이라고 루이즈에게 털어놓았다. 하지만 지금은 루이즈의 마음을 사로잡고 싶었다. 게다가 루이즈는 그가 애걸복걸하지 않아도 될 만큼 그에게 완전히 빠져있었다. 생쥐스트는 라블레와 보카초의 작품을 읽었다. 오비디우스와 아리스토파네스, 고대 로마의 풍자시인 유베날리스의 작품도 읽었다. 연가도 여럿 지어 불렀다.

　귀여운 애인이 있으면 좋겠네.
　여신처럼 고상하기보다는
　밭두렁에서 튀어나올 애인을 찾고 싶네.

　얼마 뒤 연인들의 비밀은 루이즈의 아버지에게 들켰다. 생쥐스트는 사위로 맞기에는 아직도 총각티가 나는 애송이었다. 아버지는 완강하게 반대했고 상황은 갈수록 어려워졌다. 그 시대 아버지의 권위는 절대적이었다. (나중에 보여주었다시피) 루이즈는 고집 세고 성깔도 대단했지만, 아버지의 뜻을 거스르기 힘들었다.

　기숙학교로 돌아온 생쥐스트는 어느 날 루이즈로부터 편지를 받았다. 등기소장의 아들 프랑수아 토랭과 약혼했고 7월에 결혼식을 올린다는 통보였다. 그는 충격으로 학창 생활 마지막 한 해를 우울하게 보냈다. 학교를 졸업하고도 집으로 바로 가지 못했다. 친구들과 지내다가 9월에야 블레랑쿠르로 돌아갔다.

생쥐스트는 마음을 못 잡고 침울하게 지냈다. 지난여름에 루이즈와 즐겨 찾던 성터를 홀로 배회했다. '차라리 죽어버릴까'라는 음울한 생각마저 했다. '오라토리오 수도원으로 들어가 버릴까', '파리로 건너가 국왕근위대에 지원해 볼까'라는 별의별 궁리를 다 했다. 그는 어머니에게 파리로 가고 싶다고 털어놓았지만, 자세한 계획까지 밝히지는 않았다. 어머니는 반대했다. 상속재산을 미리 달라고 요구했다가 어머니와 거칠게 다투었다.

어느 날 밤, 모두 잠들자 생쥐스트는 붙박이장에서 가족의 보물을 훔쳤다. 희미한 촛불 아래 '외삼촌 로비노의 이름이 새겨진 테두리에 금장으로 굽을 두른 황금잔과 은잔 세 점, 그리고 금장 권총 한 벌, 장미무늬 반지와 작은 은세공품을' 챙겼다. 물려받을 유산에 비하면 정말 별것도 아니었고 어머니가 허락만 했어도 쓸데없는 짓은 하지 않아도 될 뻔했다. 그렇게 양심을 속이고 고독한 순례자의 발걸음으로 누아용까지 질주했다. 파리의 북쪽 관문으로 통하는 곳에서 파리행 역마차를 탈 생각이었다.

이튿날 아침 블레랑쿠르의 집안은 발칵 뒤집혔다. 어머니와 누이동생들은 거의 두 시간 넘도록 어찌할 바를 모르고 통곡했다. 정신을 좀 차린 어머니는 파리의 프랑스 국민방위대에 근무하는 기사 데브리에게 편지를 썼다. 그는 낭프셀 출신으로 가까운 친지였다. 어머니는 편지에 아들과 아들이 절도한 물건을 상세히 밝히고 제발 아들을 붙잡아 교화시설로 보내 반성하도록 해 달라고 부탁했다. 그런데 기사의 답장을 받기도 전에 소[25] 지역 우체국 직인이 찍힌 놀라운 통지문을 받았다.

1786년 9월 20일.

마담, 아드님의 소식을 좀 더 일찍 전하지 못했습니다. 나들이를 다녀오는 바람에 늦었습니다. 아드님의 실수는 저의 불찰입니다. 얼마 전 저는 아드님 관자놀이의 질병을 고쳤습니다. 동료 의사들에게 물어보아야 했을 만큼 위험한 증세였습니다. 200프랑 들었는데 아드님은 치료비를 한 푼도 내지 못해 제가 아드님께 지급해 달라고 닦달했습니다. 아시다시피 파리에서 누구나 몸조심해야 합니다. 아드님은 마담이 아실까 봐 걱정했습니다. 물건을 금은방에 일부를 팔아 200프랑을 제게 가져왔습니다. 제게 이실직고하면서 다시는 어머니를 볼 엄두가 나지 않는다고 했습니다. 제가 보기에는 불가피한 사정이 있지 않았나 싶습니다. 그래서 저는 물건을 사들인 유대인 금은방으로 달려갔지만, 물건을 이미 녹여버린 뒤였습니다. 겨우 남은 잔 하나를 39리브르에 다시 사서 아드님께 주었더니 아드님은 갖고 있던 권총과 반지와 함께 물건들을 어머니께 반환하겠다고 약속했습니다. 존경하는 마담께 소식을 전하게 되어 영광입니다. - 리샤르데

---

25   소Sceaux. 파리 남쪽 근교 10여 킬로미터 거리의 도시.

편지를 쓴 돌팔이 의사는 생쥐스트가 지어낸 인물이었다. 편지로 어머니를 속일 수 있다고 믿다니 순진했다. 그의 어머니는 황급히 그 편지를 기사 데브리에게 전했다.

팔레 루아얄 부근의 거리는 평판이 나빴다. 아케이드와 공원이 있는 거리는 파리 시내에서 요즘의 몽마르트르나 샹젤리제 거리만큼이나 번화한 곳이었다. 여자들은 벌떼처럼 몰려다니며 파리의 신사들을 쫓아다녔다. 단 2주 만에 은세공품을 판 돈을 탕진했으니 생쥐스트도 유혹을 피하지 못했던 것 같다. 나중에는 옷가지도 팔아야 했고 하숙집 주인에게 돈도 빌렸다. 생쥐스트는 단속에 걸려 경찰에 끌려가 조사를 받았다. 어머니의 은 제품은 어떻게 했을까? 카페에서 만난 사람을 통해 팔았다. 돈이 다 떨어지면 어쩌려고 했을까? 루이 16세의 동생 다르투아 백작의 부대에 지원한 후 자격을 얻어 국왕근위대에 들어가려고 했다.

생쥐스트는 투옥된 적은 없었지만, (국왕 소유의 건물 등 모든 부동산을 관리하는) 왕실비서실장이 서류를 올리고 국왕이 결재하면 체포 명령을 내릴 수 있었다. 용의자를 바스티유 감옥이나 파리 교외의 뱅센 감옥으로 보내 석방 판결이 떨어질 때까지 가뒀다. 범행이 사사롭거나 단순한 괘씸죄 정도면 왕립교도소나 고발인이 비용을 대는 사립 교도소로 들어간다. 막강한 애인이나 기둥서방을 둔 화류계 여자들, 세상 물정 모르는 아내나 사고뭉치 아들을 둔 이들은 사립 교도소를 성찬식의 빵처럼 소중하게 여겼다. 그곳에서 수감자는 돈만 내면 얼마든지 편안히 지냈다.

1786년 10월 초순 어느 날 아침, 루이 16세는 베르사유궁의 집무실에서 비서실장 브르퇴유[26] 남작이 올린 루이앙투안 드생쥐스트의 투옥령에 결재했다. (바스티유 동남쪽) 픽퓌스에 있는 마리 드생트콜롱브의 사립 교도소로 청년을 보내라는 명령이었다. 왕과 사무장은 꿈에도 몰랐다. 서류에 사인한 인물은 6년 뒤 높은 의회 연단에서 무시무시한 법령을 제안할 청년이었다. 형식과 절차 없이 국왕을 처형하자는 결의안이었다!

수감생활

생쥐스트의 어머니 마리안은 가업으로 물려받은 소매상으로는 쪼들리며 산다고 불평했다. 사실, 그다지 심한 고생은 아니었고 두 딸에게 2만 프랑의 지참금을 마련할 수 있을 정도는 살았다. 구두 한 켤레 값이 5프랑 한 시절이니 거액이었다. 생쥐스트에게 돌아갈 몫을 더한다면 재산이 그것뿐이었을까.

마리안은 데브리에게 가능한 한 저렴한 교도소를 알아봐 달라고 부탁했다. 아울러 아들의 밀린 하숙비는 대납할 수 없다고 잘라 말했다. 루이앙투안이 교도소 생활에 모범을 보였고 마리안이 석 달마다 200프랑을 내놓자 교도소장은 예상보다 수감자를 우대했다. 혼자 쓸 수 있는 방이 있었고 하인도 있었다. 읽을거리

26　브르퇴유Louis Auguste Le Tonnelier de Breteuil(1730~1807).

〈팔레 루아얄에서 대중 선동 연설을 하는 카미유 데물랭〉, 1789.7.12.

루브르궁 입구 맞은편에 있다. 프랑스 혁명 때 평등공 오를레앙 공작이 과거 왕족이 사용한 건물을 재개발해 상가로 임대하였다. 극장과 레스토랑, 상점과 카페가 들어섰다.

이런 모습은 요즘도 변함없다. 치외법권 지역이라 혁명가의 소굴이 되었다. 1789년 7월 12일 "무기를 들고 싸우자!"라고 데물랭이 연설한 장소로 유명하다.

와 필기구도 비치되었다. 용돈도 소지했다. 기사 데브리는 포마드와 가발 가루 등 소소한 물건들을 넣어주었다. 마리안은 내의를 보내주었다. 그러나 필요한 만큼만 주어 여유분을 팔아 돈을 만들지 못하도록 했다.

종이와 잉크에, 한가한 시간까지 있으니 시인에게 이렇게 좋은 기회가 어디 있으랴! 생쥐스트는 운문으로 썼을 때는 평범했지만, 산문으로 썼을 때 위대한 시인이었다. 영웅적인 행보에 나섰을 때부터는 감탄할 만한 문장도 가끔 내놓았다. 하지만 이 시절에는 습작 수준을 벗어나지 못했다.

그는 사회를 에둘러 풍자하는 연작시[27]를 짓기 시작했다. 3년 뒤 출간하면서 왕과 왕비를 비롯해 주요 등장인물에 대한 해설을 붙였다. 주인공은 작가 자신이 맡아 대주교의 사생아로 분장했다. 등장인물들은 전쟁터를 무대로 땅에서 하늘과 달나라를 넘나들며 특이한 싸움과 납치를 벌인다. 사람들 외에도 신들과 귀신, 천사와 악마, 당나귀가 허공을 누비고 날개 달린 사자와 괴물들, 요정들이 활개 친다. 하느님은 '공안위원회 위원' 같은 모습이다.

『오르강』에서는 교훈적인 내용을 많이 강조했지만, 어떤 구절들은 시적인 가치도 있었다. 일부는 호메로스와 베르길리우스,

---

27 『바티칸의 오르강*Organt au Vatican*』(1787~1789). 발행인은 '음란시'라는 제목을 붙여 판매했다. 볼테르의 『순결한 처녀*La Pucelle d'Orléans*』(1752)에서 영감받았다.(미슐레, 『프랑스 혁명사』, 9권 5장). 우수한 작품이지만, 두 차례 출간에도 빛을 보지 못했다.

아폴로니우스, 단테, 타소[28], 밀턴, 볼테르, 세르반테스의 감흥도 넘친다. 생쥐스트는 여섯 달의 수감생활을 끝내고 한참 뒤에야 시를 마무리했다. 그때 짧은 머리말을 붙였다.

스무 살. 서툴렀다. 나아져야지.

수감생활은 무겁게 끝났다. 마리안은 기사 데브리에게 아들이 잘못을 뉘우치고 직업을 택할 때까지 풀어주고 싶지 않다고 했지만, 적절한 석방 시기는 에브리의 판단에 맡겼다.

한편, 누이동생이 어머니의 건강이 좋지 않다고 알리자 생쥐스트는 자책하면서 직업 문제를 고민했다. 고심 끝에 생쥐스트는 의사나 수도사, 근위대원에 관한 생각을 포기하고 변호사에 도전하기로 했다. 불현듯 수아송에 사는 친구 아버지가 검사라는 생각이 떠올랐다. 친구의 여동생이 자신에게 호감을 보였던 기억도 되살렸다. 친구의 집에서 친구 아버지와 함께 일하는 것처럼 좋은 일이 어디 있을까?

생쥐스트가 이런 계획을 밝히자 어머니는 선뜻 동의했다. 누이동생도 데브리에게 소식을 전했다. 오빠가 친구에게 편지를 보내 답장을 기다린다고……. 자신의 수감생활을 친구가 몰랐으면

---

28 타소Torquato Tasso(1544~1595). 이탈리아 시인. 페라라 공국과 프랑스 왕국에서 활동했다. 『해방 예루살렘』은 초기 십자군 원정을 소재로 쓴 서사시.

했던 생쥐스트는 여동생의 처신을 매우 기특해했다. 데브리에게는 편지로 어머니가 자기 때문에 건강을 해쳤다며 괴로워했다.

　　과거로 어떻게 돌아가겠습니까. 앞으로 잘해야지요. 어머니가 저의 선의를 진심으로 이해할 때까지 살아계셔야 할 텐데…….

　　그 사이 친구에게 답장을 받았다. 친구는 자기 여동생과 함께 생쥐스트를 다시 만날 수 있어 기쁘지만, 방이 부족해 함께 살기는 어렵다고 전했다. 아울러 검사의 집에서 묵으면 어떨지 물었다. 매부가 검사인데 마침 연봉 500프랑에 기숙하며 일할 보조 사무원을 구하고 있다고 했다. 친구의 조건을 수락한 생쥐스트는 데브리가 업무차 낭프셀로 가는 길에 동행하기로 했다. 생쥐스트는 그간의 배려에 감사하다며 교도소장에게 작별인사를 했다. 그리고 데브리를 만나러 짐을 둘러맨 하인과 함께 자유의 몸으로 파리로 들어갔다.

바스티유 요새 함락 현장에서

생쥐스트는 바로 지겨워했다. 법원의 기소 업무 공부는 수감생활보다도 맞지 않았다. 파리에서는 사방에 잡초처럼 무성한 법률용어만 뜯어먹어야 살아남을 수 있었다. 생쥐스트는 랭스의 법학교부터 먼저 다녀야 하지 않겠느냐고 어머니에게 편지로 하소연했다. 랭스 법학대학은 스코틀랜드의 세인트앤드루스 칼리지와 비슷하다. 존슨 박사[29]가 "학위를 딸 때마다 부자가 되었다니까!"라고 익살스럽게 말한 것처럼 귀한 필사본 책들이 많은 곳이었다. 지롱드 클럽의 수뇌였던 브리소와 당통이 다닌 학교이기도 했다. 생쥐스트는 랭스로 향했고 1789년에 졸업장을 받아쥐자마자 유례없이 요동치는 파리로 달려갔다.

200여 년 만에 처음으로 국왕이 삼부회三部會에 출석했다. 군주제 시절 재정 적자 위기에 처하면 수습책을 마련하고 해산하는 회의였다. 사제와 귀족, 평민 대표 모두 모였다. 신분은 평민이지만, 막강한 경제력이 있던 중산층 부르주아 대표들은 그 회의를 해산할 뜻이 없었다. 따라서 국민의회라는 임시의회를 선포하고 일단 모든 계급이 합의한 헌법을 제정할 때까지 의회를 지키기로 선서했다. 그런데 국왕이 의회를 무력으로 해산하려고 한다는 소문이 일파만파로 퍼졌다.

파리는 점점 과열되어 폭발하기 직전의 도가니처럼 들끓었다. 매일 팔레 루아얄 카페들에서 웅변가들이 탁자에 뛰어올라 열변을 토했고 흥분한 시민들은 두서없이 일장 연설을 늘어놓았다. 그 사이 왕실의 용병들은 샹드마르스[30]에 진을 쳤다. 파리는

---

29 사무엘 존슨Samuel Johnson, Dr Johnson(1709~1784). 영국 문학의 거장. 잉글리쉬 사전의 편찬자. 전기작가 제임스 보스웰과 함께한 『스코틀랜드 서쪽 섬 여행』이 있다.

30 샹드마르스. 파리 서남쪽 에펠탑이 있는 벌판이다. 고대 로마에서 성 밖 벌판

거대한 화약고였다. 작은 불씨만 붙어도 유럽 전체가 뒤흔들릴 판이었다.

마침내 누군가 성냥불을 던졌다! 루이 16세가 연금 생활자들의 희망이던 재무대신 네케르를 해임했다. 그러자 변두리 동네들에서 건달과 바람잡이, 선동자들이 주민들을 흔들어대기 시작했다. 7월 13일, 하층민들은 원호청사 앵발리드를 점거하고 무기고를 털었다.

바스티유 요새 감옥을 공격한다는 소문이 쫙 퍼졌다. 왜 하필 바스티유였을까? 그곳은 왕정제의 압제를 상징했다. 또 "나를 무시했다가는 당국에서 가만두지 않을 것"이라고 말하는 군중 틈에 끼어있는 한 명의 경찰 같은 곳이었다. 하지만 권위 있는 당국이 엄벌로 탄압하지 않는다면 존재 의미조차 없었다. 생탕투안 구역 입구에 버티고 서서 바스티유는 무섭게 찌푸린 거대한 바위산처럼 구체제와 정권을 한 몸으로 과시했다. 그러나 파리 사람들은 구체제에 기대고 있는 한 절대로 정권을 존중하지 않겠다고 비장하게 다짐했다.

7월 14일, 동이 틀 때부터 천둥 벼락이 몰아쳤다. 모든 파리 주민이 해묵은 바스티유 요새로 밀려들었다. 누군가는 구경하러 몰려들었고 누군가는 전투를 벌였다. 생쥐스트는 호기심 많은 사

을 군신 마르스의 이름을 붙여 연병장과 훈련장으로 사용했는데 이것을 모방했다. 로마의 캄푸스 마르티우스는 지금 시내로 편입되었다.

〈1789년 7월 14일 바스티유에서 생포된 수비대장 들로네 후작〉, 유화, 작자미상,
프랑스 역사박물관.

람 중 하나였다. 사건에 흥미를 느꼈지만, 아직 열정적이지 않았다. 하지만 그 광경은 생생했고 인상적이었다. 남자들은 지역구에서 나누어준 미늘창을 흔들고 앵발리드에서 약탈한 살벌한 중세 무기를 들었다. 여자들은 사나운 기세로 식칼과 작두를 들고 나왔다. 너덜너덜한 옷자락을 거친 끈으로 묶어 간신히 몸만 가린 소년들이 축제라도 되는 듯 신바람 나게 무리를 쫓아다녔다. 창가에서도 사람들이 아우성치며 응원했다. 부대장 샤틀레[31] 공작을 싫어한 프랑스 근위대원들은 시위대에 가담했다. 시위대는 어느새 바스티유 제방 앞까지 몰려갔다. 도개교 위에 대포가 벌써 걸려 있었다.

바스티유는 난공불락의 튼튼한 요새였고 샹드마르스에 진을 치고 있던 소규모 병력도 한 시간 거리에 있었다. 그러나 바스티유 수비는 허술했고 샹드마르스의 병력은 행군에 나서지 않았다. 아무도 명확한 명령을 내리지 않았고 아무도 책임을 지려 하지 않았다. 국왕이 태양왕 루이 14세였다면 바스티유는 함락되지 않고 프랑스대혁명도 절대 일어나지 못했으리라. 그러나 루이 16세는 나약하고 무능한 왕이었다.

포성이 울렸다. 우중충하고 둥근 요새 꼭대기에서 반격이 시작되었고 공격한 사람들 몇몇은 낙엽처럼 쓰러졌다. 군중은 움찔

31　샤틀레Louis Marie Florent du Châtelet, Duc du Chatelet(1727~1793). 프랑스 국왕 근위대장이자 외교관. 삼부회 귀족 대표로 도주했다가 서류를 위조해 망명 사실을 숨겼다. 국왕 처형 이후 체포되어 단두대에 올랐다.

하며 뒤로 물러났지만, 다시 뛰어오르려고 한발 뒤로 물리는 야수의 몸짓이었을 뿐이다.

군중은 때때로 영웅이 된다. 한번 숨을 고르며 몸을 부르르 떨더니 가치관이 갑자기 달라진다. 구걸하며 매달리던 목숨을 갑자기 하찮다는 듯 대영주 같은 자세로 내팽개친다. 제대로 이해해서가 아니라 이상처럼 예감한 목적을 위해서 목숨을 내버린다. 보통 파리 시내 선술집과 카페에서 건달들이 야단법석을 떨며 군중을 부채질 했지만, 이날만은 달랐다. 군중은 쌈짓돈을 받고 동원된 궁색한 자들이 아니었다. 대가 없이도 죽기를 각오하고 나섰다. 앞서서 노래하며 군중을 선도하는 루제 들릴[32]의 정신은 그의 고향 스트라스부르가 아니라 이날 파리의 바스티유 앞에서 탄생했다.

생쥐스트는 바스티유를 무대로 벌어지는 역사적 사건을 담담하게 바라보았다. 그 모습은 3년 뒤 튈르리궁이 시위대의 공격을 받는 광경을 지켜보기만 했다고 회고한 나폴레옹과 같았다. 무대가 비극으로 막을 내리고서야 감정이 격해졌다. 지킬 수 있다는 확신도 없이 방어한 바스티유는 결국 무너졌다. 윌랭[33]은 수

---

32 루제 들릴Claude Joseph Rouget de Lisle(1760~1836). 장교 출신 시인이자 극작가. 프랑스 국가〈라마르세이예즈〉의 작곡가.
33 윌랭Pierre-Augustin Hulin(1758~1841). 나폴레옹 제국군 장군. 바스티유 함락 당시 민간인 신분으로 봉기한 사람들의 선두에서 싸웠다.

비대장 들로네 후작[34]을 살려주겠다는 조건으로 항복을 받았다. 진심이었지만 그 약속을 누가 지켜낼 수 있었을까? 승리에 취해 복수에 목말라 광분하는 사람들을 어떻게 다스릴까?

들로네는 윌랭에게 "아니, 당신 약속했잖아. 약속!"이라며 악을 썼다. 윌랭은 그를 살려보려고 갖은 애를 썼지만 허사였다. 수비대장을 욕하는 소리조차 들리지 않았다. 말릴 틈도 없었다. 이미 군중은 처참하게 잘린 수비대장의 목을 창끝에 꽂고 거리를 돌아다녔다. 찬란한 저항 정신은 온데간데없었고 악마 같은 광증만 난무했다. 생쥐스트는 나중에 이렇게 기록했다.

노예들이나 저지를 짓이었다. 가장 역겹던 자들의 머리를 창끝에 꽂아 들고 그 피를 마시고 심장을 파내 먹던 사람들을 파리 한복판에서 보았다. 핏덩어리들을 쥐고 기뻐 날뛰며 외치는 소리를 들었다. '자유 만세! 국왕 만세! 오를레앙공 만세!' 민중은 영원한 철부지 아닌가! (국왕의 폭정에 맞서 싸우는 사람들이 국왕 만세를 외치다니!)

---

34 들로네Bernard René Jourdan, marquis de Launay(1740~1789). 프랑스대혁명 초기에 가장 이른 희생자였다.

〈1790년 7월 14일〉, 유화, 자크루이 다비드, 1791, 카르나발레 박물관.

바스티유 함락 1주년 기념 국민대단합축제 현장 '조국의 제단'에서 선서하는 라파예트 장군(가운데)과 탈레랑 주교(오른쪽 끝).

로베스피에르와 만남

바렌 사건 1791. 6. 20.

생쥐스트는 의회에 빠짐없이 드나들었다. 그곳에서 거물급 의원들을 (미라보[35]와 바이이[36], 라파예트[37], 시에이에스[38], 바르나브[39]) 만났다. 의원들의 열정적인 연설을 들으면서 생쥐스트는 전에 없이 깊은 야심을 다졌다. 반드시 국민을 대표하는 의원이 되겠다고 다짐했다. 자신을 길을 찾았고 그 순간부터 목적에만 온 힘을 쏟았다.

---

[35] 미라보Honoré Gabriel Riqueti, Comte de Mirabeau(1749~1791). 정치가, 사상가. 국민의회에서 자유주의 귀족과 부르주아지를 대표하였다.

[36] 바이이Jean Sylvain Bailly(1761~1793). 천문학자, 웅변가. 파리 시장 시절 샹드마르스 광장의 학살 사건이 발생했다.

[37] 라파예트Marquis de La Fayette(1757~1834). 사상가, 장군. 미국 독립전쟁에 참가했고 프랑스대혁명 시기에 국민방위대를 지휘했다.

[38] 시에이에스Emmanuel-Joseph Sieyes(1748~1836). 가톨릭 사제 출신 정치인. 탈레랑 못지않게 혼탁한 위기에도 살아남은 전설을 남긴 수완가. 훗날 제국 시절 상원의장을 지냈다.

[39] 바르나브Antoine Pierre Joseph Marie Barnave(1761~1793). 푀양파를 결성하고, 헌법을 군주제에 맞게 수정하기 위해 노력했다.

생쥐스트의 성향에 따른다면 그가 파리를 떠날 일은 없었다. 젊고 아름다운 여배우와 사귀고 있었고 일자리도 쉽게 찾을 수 있었다. 그런데 의회로 진출하려면 고향의 지역구처럼 좋은 기회를 얻을 수 있는 곳은 없다. 생쥐스트는 달콤한 파리 생활을 과감히 접고 시골구석으로 돌아갔다. 연인도 별로 반대하지 않았다. 생쥐스트가 죽은 뒤 파리의 연인은 자신을 '마담 드생쥐스트'라고 부르며 짧았던 사랑을 영원히 기억했다.

블레랑쿠르에서 생쥐스트는 여러 청년과 교제했다. 특히 야심가 도비니[40]와 튀이에[41]와 가까이 어울렸다. 자신만만하고 거침없던 도비니는 고향을 떠나 파리로 갔다. 블레랑쿠르 관청 비서실에서 일한 튀이에는 생쥐스트와 단짝이 되어 그를 두목처럼 받들었다. 그는 도비니와 달리 생쥐스트가 사망한 뒤에도 변함없이 우정을 지켰고 감옥에서도 생쥐스트의 뜻이 옳다며 용감히 외치다가 죽었다. 비루한 자들은 절대로 알 수도 누릴 수도 없는 우정이다. 생쥐스트는 든든한 친구들의 도움으로 중앙과 지방 업무에서 중요한 역할을 했다.

---

40 도비니 Jean-Louis-Marie Villain d'Aubigny(1754~1804). 법률가 출신 혁명가. 전쟁부 차관급으로 군의 수송문제를 맡았다. 부정 혐의로 기소되었지만, 다시 살아났다. 테르미도르 반동 이후 친구들과의 관계를 부인하고 살아남았다. 나폴레옹 쿠데타 이후 유배형을 받았다. 유배지로 가는 항해 중 병사했다.

41 튀이에 Pierre Jean Louis Victor Thuillier(1765~1794). 농업 관계 위원. 생쥐스트와 가장 친한 고향 친구였다. 본문에 가토 Gateau라는 친구가 나오지만, 확인되지 않는다. 저자에 따르면 "가토는 숨을 거둘 때까지 친구를 칭찬했다."

블레랑쿠르에서 혁명을 지지하는 주민들은 국민방위대를 조직하고 생쥐스트를 지휘관으로 임명했다. 생쥐스트는 청색과 백색이 뒤섞인 제복에 깃 장식이 붙은 모자를 쓰고 장검을 차고 넓은 장터에서 대원들을 당당하게 지휘했다. 광장에 나온 여자들은 청년 대장에 감탄하며 흠모했다. 그중 유난히 그의 눈에 들어오는 여자가 있었다. 이제는 토랭의 부인이 된 루이즈 줄레였다.

루이즈는 생쥐스트를 여전히 사랑했고 끝내 변심하지 않았다. 아버지 뜻대로 결혼했지만, 이내 후회했다. 평생 후회했다. 남편 토랭은 랑[42]에 상주하는 지방관이라 집을 자주 비웠다. 다시 만난 생쥐스트와 루이즈는 비난과 눈물로 회포를 풀었다. 생쥐스트는 다시 사랑을 받아들였지만, 루이즈만큼 열렬하지는 않았다. 그는 여자에게 집착하는 성격이 아니었다.

몇백 명이 살던 마을이라 두 사람의 은밀한 관계를 계속 숨길 수는 없었다. 소문이 파다했지만, 마을 사람들은 고향의 젊은 장교를 아꼈다. 등기소장의 사위(루이즈의 남편)를 딱하게 여겼지만, 어디까지나 그들의 사생활로 보았다. 그러나 루이즈의 아버지는 체면을 구겼다며 생쥐스트를 원망했다. 기회만 있으면 언제든 혼내주겠다고 공언했다. 그도 마을 민병대 소속이었으나 열심히 참여하지는 않았다. 어느 날 집합 명령이 떨어졌는데도 루이

---

42 랑Laon. 파리 북쪽으로 100여 킬로미터 거리의 도시. 수아송에서 멀지 않다. 중세 프랑스 왕국의 수도.

<프랑스 도해>, 말테브룅, 1897, 프랑스 국립도서관.

즈의 아버지는 집안에 처박혀 있었다. 민병대 대표가 질책하는 훈령을 보냈는데 그 사태의 보고서가 한 편의 희극이다.

1790년 3월 29일 오전 10시.

블레랑쿠르의 읍장과 관리들 앞에서 변호사와 민병대장이 참석한 가운데 부관 클레이가 다음과 같이 보고했다. 부관은 이날 오전 9시에 요리사 니콜라 리고와 목수 샤를마리 리고, 피혁 업자 장 들라크루아, 일용직 샤를 드뱅 등 4인의 민병대원과 함께 블레랑쿠르 등기소장 줄레 씨에게 월요일에 다시 출석하라는 읍장과 당국의 명령을 전달했다. 가게에 있던 줄레 씨의 부인은 부관에게 다가와 용무가 무엇이냐 물었고 남편에게 집합하라고 해봐야 코웃음이나 칠 것이라고 장담했다. 남편은 민병대라는 건달들이나 거지들과 어울릴 수 없다면서 편지를 땅바닥에 내팽개치려고 했다. 물론, 부관이 제지했다. 줄레 부인은 곁방으로 들어가 재를 한 움큼 쥐고 나와 부관과 일행의 눈에 뿌릴 태세였다. 특히 리고를 노려보며 겨냥했다. 리고의 아들이 가로막고 만약 재를 뿌리면 체형을 면치 못할 것이라고 고함치자 부인은 재를 땅바닥에 뿌렸다. 그러다가 다시 막대기를 휘두르며 민병대원들에게 욕설을 퍼부었고 부관을 후려치려고 했다. 부관은 뒷걸음치며 허리춤의 장검을 들어 보이면서 감히 막대기로 상대하려 하느냐고 경고했다. 루이즈가 어머니를 붙들고 말렸다.

텃밭에서의 선거 운동

의회는 더 강력한 통일국가를 세우려 프랑스의 과거 행정구역을 폐지하고 전국을 도道 단위로 재편했다. 도는 자치권을 갖고 도민이 유권자로서 직접 도지사를 선출하도록 했다. 도읍지였던 수아송은 새로운 도청소재지가 되려고 랑과 경쟁했다. 수아송의 이웃이던 블레랑쿠르 사람들은 당연히 수아송을 선호했다.

생쥐스트는 쿠시 유권자를 대표해서 수아송을 지지하려고 선거에 나섰다. 그러나 25세 미만이라 피선거권이 없었다. 이웃 마을에서 선출된 줄레가 이의를 제기했다. 이렇게 자치기관이 구성될 초장부터 생쥐스트는 찬밥 신세가 될 뻔했다. 이때 주민들은 젊은 그의 인기를 새삼 확인했다. 맞는 말을 하면서 항의하는 줄레를 선거에서 따돌리고 생쥐스트를 선출했다. 눈부신 승리였다. 수아송 지지 연설에서 생쥐스트는 줄레로 인한 소란을 암시하면서 프랑스 국민이 누리는 권리는 더 젊다고 주장해 큰 환호를 받았다. 최다득표를 거둔 랑이 도청소재지가 되었다. 결과는 실망스러웠지만, 유권자들은 자신들의 이익을 위해 최선을 다한 생쥐스트에게 술을 따라주며 격려했다. 생쥐스트는 다음번 의회에 진출할 가능성이 부쩍 커졌다며 데물랭에게 편지를 썼다.

아무튼 다음 선거를 기약해야지요. 그때 의회에서 볼 수 있기만…….

한편, 지역의 성주 로라게 백작이 한바탕 요란한 반혁명 시위를 벌이고 숨어버렸다. 생쥐스트는 그에게 면담을 청했다. 농민을 만나주지도 않는 백작이 영지로 들어오겠다는 선동이나 일삼는 어린 청년을 받아줄 리는 없었다. 하필 시기도 좋지 않았다. 프랑스의 많은 성이 폐허가 되어 성주들도 호의로 사람을 대할 처지가 못 되었다. 생쥐스트는 부정적으로 생각하지 않았다.

로라게 백작은 방문객들이 도착하기도 전에 달아났다. 생쥐스트와 일행이 나타났을 때 성은 쥐 한 마리 없이 텅 비어있었다. 치밀하게 면담을 준비한 젊은 웅변가 생쥐스트는 조금도 당황하지 않았다. 오히려 상징적인 움직임을 보여줄 기회였다. 마침 창가에 고사리[43] 잎이 우아하게 떨어져 쌓여있었다. 가느다란 막대로 고사리를 툭툭 치자 즉시 가지가 떨어져 나갔다. 일행은 마을로 되돌아갔다.

공화파 주민과 다진 유대

당시 사람들처럼 생쥐스트도 본능적으로 대중의 인기를 중시했다. 의회가 사상과 양심의 자유를 선포하자 일부 귀족과 성직자는 대경실색하며 긴장했다. 가톨릭신자인 국왕이 위태로움을 느끼고 항의문을 돌렸다. 그런데 엉뚱하게도 생쥐스트를 지역에 항의문

---

[43] 고대 로마의 전설에 비추어 개양귀비라고 보는 역사가들도 있다.

〈1790. 7. 14. 바스티유 함락 1주년 기념 샹드마르스에서 열린 국민대단합 축제 현장〉,
유화, 샤를 테브냉, 1792, 카르나발레 박물관.

을 배포할 적임자로 생각했다. 인쇄물 30부에 의회 결정을 비난하는 서한까지 곁들여 건네주었다. 생쥐스트는 즉시 이런 귀족의 반발 사태를 친구 튀이에 편으로 당국에 고발했다. 그가 종용했겠지만, 인쇄물은 곧바로 공개적으로 태우기로 했다.

1790년 5월 15일, 광장에 거대한 장작더미가 쌓였다. 한쪽에 민병대가, 다른 한쪽에 공화파의 상징인 삼색 띠를 두른 시장과 관리들이 있었다. 인쇄물과 편지를 불타는 장작더미 속에 엄숙하게 던지자 북이 울렸다. 제복 차림의 생쥐스트가 앞으로 나왔다. 선서를 어기느니 화형대에 올라 조국과 의회를 위해 죽겠다며 화염 쪽으로 팔을 뻗어 맹세했다.

고대의 장군 같은 그의 모습에 갈채와 환호가 터져 나왔다. 시장과 관리들도 하나둘씩 생쥐스트의 선언을 반복했다. 시장은 생쥐스트를 바라보며 말했다. "젊은이! 자네 부친과 선대 어른들까지 내가 잘 아네. 자네를 자랑스러워할 분들이지. 앞으로도 꾸준히 밀고 나가게. 의회로 그 모습을 보러 가겠네."

생쥐스트는 얼마나 흐뭇했을까! 그는 이런 성과를 십분 활용했다. 혁명의 이름으로 집행한 화형식을 자세히 보고서에 기록했다. 보고서는 시장과 원로들의 명의로 제출했다. 자신이 맹세했을 때 주민들이 흘린 감격의 눈물을 전했다. 시장에 대한 칭송도 빼놓지 않았다. 이 사건은 바다 건너까지 알려졌고 튀이에는 영국에서 편지까지 받았다.

아라스의 삼부회 의원 시절 막시밀리앙 로베스피에르, 유화, 라비유기야르, 1790, 베르사유궁 박물관.

조국의 제단 앞에서

같은 해 7월 14일, 바스티유 함락 1주년 기념 국민 대단합 축제가 열렸다. 각 지방을 대표하는 국민방위대 분대들이 샹드마르스에 집결해 어마어마한 시위를 벌일 예정이었다. 생쥐스트도 연대 휘하의 부대로 블레랑쿠르를 대표해서 참석했다. 샹드마르스 한복판에 조국에 바치는 제단이 섰다. 거대한 목제 가건물 기단에서 기념비처럼 높은 계단으로 걸어 올라가는 구조로 상단에 깃발을 두른 고대풍의 제단을 차려놓았다. 시민들은 화려한 축제 차림이었다. 삼색 띠를 두른 앙리 4세[44] 청동상 앞에서 국민방위대는 보무당당한 열병식을 벌여 국왕에게 예를 갖추었다.

　　그날 루이 16세는 여전히 만세 소리를 들으며 환호받았다. 왕의 입상을 세워놓을 만큼 배려했지만, 루이 16세는 대중의 인기를 얻는 방법을 몰랐다. 제단에 오르지 않겠다고 사양하는 바람에 라파예트가 주인공이 되었다. 오텡 주교 탈레랑[45]이 엄숙한 미사를 올린 후 라파예트는 단상에 올라 조국에 충성 서약을 했다. 그가 '발판을 제대로 세우지 못해 껄떡대는 입상' 같았다는 이야기도 있지만, 발판이 너무 커서 라파예트가 초라해 보였을 뿐이다.

44　앙리 4세 Henri IV.(1553~1610). 부르봉 카페 왕조의 시조.
45　탈레랑 Charles-Maurice de Talleyrand-Périgord(1754~1838). 외교관, 정치인. '혁명의 주교'로 통했다. 수완가로 정권때마다 임시정부 수반을 했다.

찌푸렸던 날씨도 화창하게 갰다. 구름 사이로 한 줄기 햇빛이 쏟아지자 좋은 징조라면서 좋아했다. 왕비가 어린 세자를 들어 군중에게 보여주자 하늘이 떠나갈 듯 요란한 환호를 받았다. 생쥐스트는 부대원들과 함께 그 광경을 조용히 지켜보았다.

로베스피에르와 편지로 맺은 인연

그 무렵이었다. 혜성 같은 인물 로베스피에르가 나타났다. 그는 누구보다 진지하고 집요한 인물이었다. 강한 정신력과 뛰어난 정치적 통찰력을 타고난 아라스 출신의 젊은 변호사였다. 의회에 진출해 뛰어난 능력으로 경제, 사회 개혁을 준비하고 있었다. 대중은 날이 갈수록 그를 우상화했다. 파리 명문 중학교 루이 르그랑의 선생님은 제자 로베스피에르를 '로마 사람'이라고 불렀다. 그에게 기막히게 걸맞은 별명이다. 그는 스파르타 사람처럼 엄격했고 고지식할 만큼 정직했다. 그는 중대한 사건을 다룰 때는 과감하게 여론을 무시했다. 그럴 때마다 고대 로마 공화정의 미덕과 장점을 되새기자고 했다.

생쥐스트는 로베스피에르의 인격에 매력을 느꼈지만, 지역 국민방위대장으로 파리에 머무는 동안에는 그와 만나지 못했다. 그러다가 얼마 뒤 그를 만날 기회를 잡았다. 블레랑쿠르 마을은 양을 팔아 파리에서 수입을 올렸다. 주요 수입원이었다. 그런데 같은 사업으로 경쟁한 쿠시 주민들이 목초지를 봉쇄하면서 사정이 몹시 어려워졌다. 생쥐스트는 이 문제를 정치적 공정과 미덕의 상징 로베스피에르에게 편지로 호소했다. 두 사람은 친구가 되었고 이후 생쥐스트의 운명도 결정되었다. 젊은 사람이라 쓸 수 있는 내용의 편지였다.

> 블레랑쿠르, 1790년 8월 19일.
> 폭정과 음모의 격랑에 휩쓸린 조국을 지키는 선생님이 신처럼 놀라울 따름입니다. 슬픈 우리나라를 구하는 일에 저도 좀 끼워주시면 안 되겠습니까. 소문으로는 블레랑쿠르의 가축시장을 쿠시에서 통합해 가져가려 한답니다. 어째서 도시가 시골의 별것 아닌 권한을 삼키려 할까요? 시골 마을에 세금이나 걷어갈 땅 몇 조각 말고 뭐가 남겠습니까. 여기 동봉한 청원을 제발 해결해주셨으면 합니다. 땅의 권한을 유지해(국유지로 수용하는 식으로) 우리 고장 사람들이 굶어 죽지 않도록 해주십시오. 저야 일면식도 없지만, 선생님께서는 덕망 높으신 분 아니십니까. 공화국과 모든 사람을 대표하시지 않습니까. 부디 저의 간청을 외면하지 않으시기만 바랍니다.[46] - 생쥐스트

젊은이의 찬사는 나이 든 사람보다 더 진지하고 솔직하므로 항상 공감을 얻게 마련이다. 칭송에 민감한 로베스피에르는 분명

---

46 로베스피에르와 생쥐스트의 인연이 시작된 편지이다. 저자는 편지 전문을 인용해 주목받았다. 로베스피에르는 이 편지를 끝까지 간직했다. - 미샬롱의 『생쥐스트의 수난』(1981).

그 편지를 마음에 들어 하지 않았을까. 결국, 블레랑쿠르는 가축 시장을 빼앗기지 않았다. 로베스피에르가 무슨 수를 썼을까? 생쥐스트는 자기 땅을 국가에 헌납했다! 황당한 생각은 아니었다. 로베스피에르에게 깊은 인상을 주려고 했던 모양이다. 그렇게 장차 지역 유권자들의 환심을 사고 영향력을 키우려고 했다. 그는 유산 기증을 비밀에 부쳤다. 로베스피에르가 약속을 지킨 것이라면 소인배처럼 굳이 생색내지 않고 늘 한 대로 대영주처럼 세련되게 처리하지 않았을까.

외로운 글쓰기

생쥐스트는 여름에 주로 정원에서 열심히 글을 썼다. 소사나무 그늘에 책상 3개를 같은 간격으로 놓고 책상마다 종이와 잉크, 펜을 두었다. 그 앞을 오가며 생각이 떠오를 때마다 펜을 들었다. 기발한 발상이라 생각하면 크게 낭독했다. 그러면 집안이 발칵 뒤집혔다. 늙은 하녀는 그 내용을 밝히지는 않았지만, "그의 어머니와 누이들이 기겁할 만큼 '소름 돋는 말을' 떠들었다"라고 증언했다. 그는 고함치고 피 흘리고 불타는 혁명의 드라마를 상상하며 떠들었을 테지만…….

생쥐스트는 로베스피에르에게 부친 편지에서 공화국이라는 말을 쓰기도 했다. 데물랭에 따르면 당시 프랑스에는 공화주의자가 10명이나 될까 할 정도로 적었고 로베스피에르조차 여전히 입헌군주제만 생각한 시절이었다. 생쥐스트는 쿠시 시립 고문서 보관소를 드나들곤 했다. 옛 요새에 대한 글쓰기에 필요한 자료를 수집했다.

그는 운문에는 서툴렀지만, 산문에는 뛰어났다. 올라르는 그의 문체가 파스칼 비슷하다고 했고 플뢰리는 라로슈푸코[47] 공작과 가깝다고 보았다. 평론가 생트뵈브[48]는 그의 웅변체를 "힘차고도 어두운 문체로서 저승으로 건너가는 스틱스강에서 헤엄치는 듯하다"라고 했다. 생쥐스트의 문장은 대체로 간단명료하다. 가끔 장엄한 문체를 보여주거나 속담 풍을 이용하기도 했다. "대죄야말로 미덕과 정말 엇비슷해 보인다"라거나 "무덤 앞에서 질겁하는 자들은 여건 탓만 한다"라는 표현을 하기도 했다.

그의 문학은 정치와 마찬가지로 미완으로 남았지만, 뚜렷한 자취를 남겼다. 1790년 마지막 달 동안, 생쥐스트는 『혁명 정신과 프랑스 헌법』[49]이라는 거창한 작업을 시도했다. 로베스피에르에게 썼던 편지와 달리 평범하다. 보편적 참정권에 적대적이었

---

47 라로슈푸코Duc de La Rochefoucauld, Prince de Marcillac(1613~1680). 귀족 출신 문인. 『회상록』은 레 추기경cardinal de Retz의 『회상록』과 함께 프롱드 정변을 다룬 중요한 사료이다.

48 생트뵈브Charles-Augustin Sainte-Beuve(1804~1869). 낭만주의 문학의 대표적 평론가로 탐미적인 문체를 보여주었다. 새로운 문학비평의 장르를 개척했다. 시토수도회 역사와 인물을 다룬 방대한 『포르루아얄』을 비롯해 인물, 특히 여성 심리를 해박하고 화려하게 묘사했다.

49 『혁명 정신과 프랑스 헌법*L'Esprit de la Révolution et de la Constitution de France*』(1791). 뵈뱅에 의해 출판되었다.

〈바렌에서 파리로 돌아온 국왕〉, 복제 유화, 장 뒤플레시스 베르토, 1791.

고 민주주의를 위장한다고 로베스피에르가 혹평했던 의회의 입장을 지지하기도 했다. 이혼도 반대했다. 그러면서도 엄격한 법률과 사형에 반대했다. "맹목적인 미덕은 악습을 만든다"라거나 "망나니를 앞세워 통치하는 법은 피로 망한다"라고 단언했다.

생쥐스트는 편지도 꾸준히 주고받았다. 팔레 루아얄 근처에서 책방을 운영하는 출판사 사장에게 보낸 편지를 보면 시골구석에서 무기력하게 지내자니 답답하다는 내용이었다.

> 이곳에서는 성자처럼 외롭습니다. 처량한 신세이지요. 스물다섯 살 때까지 일기나 써야겠습니다. 감내해야 할 고독이지요. (선거에 나가려면) 2년이나 남았는데 무엇을 할 수 있겠습니까? 파리에 있으면서 도서관에 다니고 싶군요.

국왕의 도피와 로베스피에르와의 만남

1791년 6월 20일, 국왕 가족이 튈르리궁에서 탈출했다. 사소한 사건들이 우연히 겹친 끝에 발각되었다. 이런 일들이 없었다면 탈주에 성공했을 것이다. 왕의 일행을 싣고 도주한 마차는 바렌에서 다시 파리로 끌려왔다. 바렌으로 급파된 의원 3명과 국왕이 돌아오는 행렬은 도시와 마을을 거쳐올 때마다 그들을 호송하려는 국민방위대원들로 계속 불어났다. 사람들은 일손을 놓고 길가로 달려 나와 수치스러운 권력자의 딱한 모습을 구경했다.

<마리 앙투아네트 대공녀>, 파스텔화, 1769, 베르사유궁.
마리앙투아네트가 루이16세와 약혼하기 위해 보낸 15살 때 초상이다.

블레랑쿠르 당국의 명령으로 생쥐스트도 민병대와 함께 파리까지 호송행렬에 참여했다. 국왕근위대를 꿈꾸기도 했던 그는 완전히 다른 방식으로 국왕을 따르며 꿈을 이루었다. 그 무렵의 생쥐스트는 국왕 내외에게 적대감이 조금도 없었다.

> 왕 자신은 끈기 있고 검소한 사람이다. 그러나 다른 사람들과의 관계에서는 나약하고 급한 성격이다. 선행을 생각하고 실천하려고 한다. 사소한 일에는 영웅처럼 나서지만, 큰일에는 무기력하다. …… 순진한 (왕비는) 잘 속아 넘어간다. 거짓 선서를 했다기보다는 경박하다. 쾌락에 빠져 프랑스가 아니라 (베르사유의 작은 시골집) 트리아농을 지배하려는 모양이다.

『오르강』에서는 그들에 대해 유난히 가혹했다. '목걸이 사건'으로 왕비의 평판이 땅에 떨어지고 난 뒤였다. 왕에 대한 판단은 지나치게 너그러웠다. 그는 엄격함과 고집을 혼동하지 않았을까.

수아송으로 가는 길가에서 생쥐스트는 호송대를 기다렸다. 땡볕인데도 수아송 국민방위대와 관리들, 구경꾼들이 기다리고 있었다. 인사하러 다가온 기사가 최근 소식을 전해주었다. 멀리서 먼지구름이 일어났다. 수많은 발걸음이 일으키는 구름이었다. 보병대와 기병대 뒤로 낫과 갈퀴, 도리깨 같은 농사 도구들로 무장한 농민들이 줄줄이 뒤따랐다. 행렬의 중앙에 운구차처럼 둔중한 마차(8두 마차)가 천천히 굴러가고 있었다. 마차 안에는 왕과 가족, 의회에서 파견한 의원 두 사람이 더위와 먼지바람에 숨이 막힐 지경으로 앉아 있었다. 마차 지붕 위의 국민방위대원들은 궁둥이를 붙이기 어려워 안절부절못했다.

상상력이 풍부한 생쥐스트는 왕과 특히 왕비를 가엾게 보았던 듯하다. 몇 년 전 오스트리아 황실의 공주였던 왕비가, 세자였던 왕과 결혼하러 마차로 달렸던 바로 그 길로 지금 다시 덜컹대며 달리고 있었다. 그때는 길에서 마주치는 사람 모두 손수건과 모자를 흔들어 반겨주지 않았던가? "아, 정말 좋은 사람들이네!"라며 자기도 모르게 탄성을 내질렀건만…… 왕비는 불쑥 치솟은 기억과 너무나 다른 상황에서 굴욕감에 치를 떨었으리라.

젊고 잘생긴 생쥐스트는 팔팔한 말을 타고 마차 곁을 따랐다. 미남을 좋아하는 왕비의 눈길을 의식하고 안장 위에서 자세를 가다듬지 않았을까. 불과 얼마 뒤 자신이 왕비를 처형해 연합군에게 그 수급을 보내야 한다고 주장하게 될 줄 누가 알았을까. 생쥐스트는 한여름 더위 속에서 먼지를 뒤집어쓴 채 말없이 걷는 군중과 함께 튈르리궁까지 왕의 마차를 호위했다.

파리에 머무는 동안 생쥐스트는 틈나는 대로 몇 사람을 만났다. 우선 데물랭을 찾아갔다. 그는 오데옹 광장의 아파트에서 신접살이하고 있었다. 아내 뤼실이 친정집에서 상당한 재산을 가져온 덕에 데물랭은 아버지에게 구걸한 배고픈 변호사 신세를 벗어났다. 오를레앙 공작의 결혼선물로 멋진 가구도 들여놓았다. 생쥐스트가 알았다면 불쾌한 인상을 받았을지도 모른다.

데물랭을 만난 다음에 생쥐스트는 매우 중요하게 생각한 사람을 만났다. 파리 마레 지구의 생통주 길 골목 허름한 회벽 건물로 로베스피에르를 찾아갔다. 그는 돈을 아끼려고 친구와 함께 살고 있었다.

　　생쥐스트는 자코뱅 클럽 회장 로베스피에르를 의회 연단에서 본 적이 있었다. 그는 깐깐한 인상이었다. 호리호리한 체구에 유행이 지났지만 나무랄 데 없는 옷차림이었다. 두드러진 광대뼈에 엷게 미소 짓는 입술, 조개껍데기 테를 두른 안경 너머로 근시가 심했다. 생쥐스트는 즉시 그를 알아보았다. 특이한 음성과 파고드는 듯 카랑카랑한 목소리까지 의회에서 듣던 그대로였다. 그는 멀리에서도 수수께끼 같은 광채를 발하는 사람이었다. 생쥐스트는 그에게 끌렸다.

　　로베스피에르는 생쥐스트를 여러 면에서 자신과 맞지 않다고 생각했다. 자신은 이미 생각이 무르익은 장년이었고 그는 아직 키도 다 크지 않은 소년이었다. 하지만 로베스피에르는 청년다운 의지와 언행으로 약속하는 생쥐스트를 보고 안심했다. 그가 보낸 찬사도 한몫했을 것이다. 같은 길을 가기에는 어렵지 않겠다는 생각이 들었다.

　　로베스피에르가 간절히 필요했던 생쥐스트는 그에게 좋은 인상을 주고 싶었다. 고향에서든 프랑스 어디에서든 막강한 자코뱅 클럽 회장을 든든한 후원자로 얻는 것이었다. 로베스피에르를 만난 생쥐스트는 확신에 차서 밖으로 나왔다.

〈튈르리궁 공방전〉, 앙리폴 모트, 1892, 프랑스 국립도서관.

국민공회 의원 생쥐스트

안타깝게도 생쥐스트는 나이 제한으로 새로운 '입법의회'에 참여하지 못했다. 과거 비슷한 사례가 있어서 예외적인 투표로 선출되었지만, 오래가지 못했다. 생쥐스트에게 반감이 깊던 루이즈의 아버지 줄레가 사돈댁 친지들까지 끌어모아 법원에 이의를 제기했다. 생쥐스트는 패소했고 선거는 무효가 되었다. 그는 자신과 루이즈 사이가 얼마나 많은 대가를 치러야 하는 관계인지 비로소 깨달았다. 그녀에 대한 열정도 미지근해지기 시작했다.

생쥐스트는 다시 한 해를 기다리며 블레랑쿠르에서 빈둥거렸다. 그즈음 누이동생이 숄느[50] 치안판사 아드리앙 바야르와 결혼했다. 무료함을 견디지 못한 생쥐스트는 한동안 제부의 집에서 지냈다. 마담 드세비녜[51]가 자랑했던 성곽 건축가 르노트르가 조성한 정원이 있는 매혹적인 마을이었다. 하지만 생쥐스트는 그런 낭만에 취할 여유가 없었다. 그는 몸이 근질근질했다.

파리에서는 요란한 사건들이 꼬리를 물고 터졌다. 지롱드 청년들이 브리소 곁에 몰려들어 의회를 좌지우지했다. 이들은 오스트리아와 프로이센 제후국들과의 전쟁을 준비했다. 로베스피에르는 전쟁을 필사적으로 반대했다. 신문들은 그와 브리소의 사나

---

50 숄느Chaulnes. 프랑스 북서쪽 끝의 아미앵 부근 마을.
51 마담 드세비녜Madame de Sévigné. 17세기 프랑스 서한 문학가.

운 분란을 연일 대서특필했다. 지롱드 청년들이 승리할 듯 보였다. 결국, 그들의 뜻대로 전쟁이 터졌다. 전쟁은 그때부터 22년간 끝나지 않았다. 유럽의 큰 나라들을 피바다와 불바다로 만들면서 전쟁을 걸었던 쪽이든 피하려던 쪽이든 막대한 손실을 보았다.

생쥐스트는 사건에 뛰어들고 싶었지만, 파리에서 이방인과 다름없는 촌놈 취급을 받았다. 다시 파리로 간 것은 1792년 7월이었다. 전방 상황은 악화일로였다. 프로이센까지 오스트리아에 가세했고 총사령관인 브륀스비크[52] 공작이 연전연승을 거두며 파리로 다가오고 있었다. 그사이 왕과 왕비가 적과 내통한다는 공개적인 비난이 쏟아졌다. 튈르리궁은 삼엄한 경계를 폈다. 폭동이 일어날 분위기였다. 시내는 국민방위대원들로 넘쳤고 전국에서 대단합 축제에 참여했던 무장한 사람들이 파리 주민을 도우러 달려왔다. 남쪽 사투리를 사용하는 구릿빛 젊은이들이 노래를 부르며 혈기를 북돋웠다. 봉건 제국들을 무너뜨릴 승전가였다.

생쥐스트는 이번에도 가담하지 못했다. 새로 구성될 의회인 국민공회 선거가 다가왔기 때문이었다. 블레랑쿠르로 돌아가 선거전을 준비했다. 혈전이 예상되었다. 하필 이번 선거일도 또다시 법적 연령이 며칠 부족한 날로 잡혔다. 생쥐스트는 루이즈가 자신을 잡아두려고 이런 간계를 부렸다고 생각했다.

---

52 브륀스비크 뤼네부르크 공작duc de Brunswick-Lunebourg(1735~1806). 독일어로 브라운슈바이크 공작. 프랑스 혁명군에 맞선 프로이센군 사령관으로 발미 전투에서 패했다.

누아용에 도착한 생쥐스트는 앞날이 어둡게 느껴졌다. 그는 숙박업소 오베르주에서 묵기로 결심했다. 250년 전 이 도시에 생쥐스트와 비슷한 영혼을 지닌 인물이 살았다. 종교개혁을 주도한 장 칼뱅이다. 그도 공화주의자로서 민주주의를 위해 미친 듯 투쟁했다. 생쥐스트의 영혼은 분명 칼뱅을 빼닮았다. 생쥐스트와 같은 스물다섯 나이에 칼뱅은 『기독교의 제도』[53]의 원고 한구석에 생쥐스트가 감탄했을 만한 한마디를 적어놓았다.

내가 찾은 것은 평화가 아니다. 칼이다.

생쥐스트는 생각에 깊이 잠겼다. 그러다가 불쑥 펜과 종이를 부탁해 친구 도비니에게 편지를 썼다. 두서없는 글에서 당시의 고민을 엿볼 수 있다.

이곳에 온 뒤로 온통 공화주의 생각뿐이야. 파리에 머물 수 없으니 한심하고……. 기약 없이 세월만 보내는 꼴이지. 자유와 영광의 동지로서 자네가 그 동네에서 공화주의를 퍼트려보게. 오죽 위험하겠나만. 데물랭에게 안부 전해주고. 나를 다시는 안 보려는지. 그의 애국심을 높이 평가하지만, 경멸하기도 하잖아. 데물랭은 내가 자기를 배

---

53 『기독교 제도*Institutio Christianae Religionis*』(1536). 개신교 신학에 관한 장 칼뱅의 대표적인 저서이다. 종교 개혁에 사상적인 영향을 미쳤다.

신할까 걱정하는 인간이야. 대의를 버리지 말라고도 해주게. 그 친구는 대범하지 못하거든. 나는 지금 최악이야. 어떻게든 견뎌내겠지만, 진실은 말해야지. 모두 너무 비겁해. 도무지 인정할 수가 없어. 분명 내가 승리하고 저들이 거꾸러지겠지. 저들은 비열해. 하지만 나는 위선자, 죄인이야. 자네에게 줄 돈이 없으니. 내 심장이라도 꺼내먹든가. 그러면 자네도 거물이 되지 않겠어! 정말 이렇게, 로마에서 잊힌 채 번민하는 브루투스처럼 지내야 하나! 어쨌든 결심했어. 브루투스가 다른 사람들을 죽이지 못하면 자신이라도 죽이겠지.

생쥐스트는 편지에 서명했지만 부치지 않았다. 편지는 그가 죽은 뒤 다른 서류뭉치들에서 나왔다.

그러나 운명의 여신은 곧 개봉될 드라마의 주인공으로 생쥐스트를 점찍었다. 1792년 8월 10일 튈르리궁에서 포성이 울렸다.[54] 마침내 왕정은 무너지고 자코뱅 클럽이 권력을 잡았다. 귀에 먹먹한 괴성을 질러내며 생쥐스트를 (낙선시켜) 고향에 붙잡아두려던 루이즈 일가의 계획도 막혀버렸다. 9월 2일 수아송에서 치른 선거에서 생쥐스트는 600표 가운데 349표를 얻어 의회로 진출했다. 생쥐스트를 몹시 적대한 전기작가 플뢰리도 이번만큼은 관대하게 말했다.

---

54 역사가들은 베르사유 함락에 이어 '두 번째 혁명'으로 부른다. 무장 시민들이 튈르리궁을 공격해 점거하고 왕가는 탕플탑에 유폐된다.

의장이 생쥐스트를 호명하자 선거사무소에 모인 사람들은 박수갈채를 보냈다. 그가 등장하자 반대표를 던진 유권자들도 환호했다. 적들도 의젓하고 냉정하며 자신만만한 청년을 믿음직하다고 인정했다.

성당의 종소리가 요란하게 울려 퍼지며 생쥐스트의 당선을 알렸다. 그의 앞길이 활짝 열렸다. 영광으로 가는 길이었지만, 곧 단두대로 이어질 길이었다.

〈승마장에 앉아 있는 입법의회 의원들〉, 루이조세프 마스킬리에, 1792. 8. 10.,
카르나발레 박물관.

파리 시절

국민공회 의원 1792. 9. 2. ~7. 27.

파리는 당시 60만 인구의 대도시였다. 많은 요새와 군사시설로 둘러싸여 방비도 튼튼했다. 대로와 광장으로 넓히기 전이라 길은 촘촘하고 좁았다. 도로포장과 하수구는 형편없었고 비라도 쏟아지면 급히 괴상한 육교 같은 것을 놓고 건너다녔다. 멀리서 깜빡이는 횡단 케이블 끝에서 흔들리는 퀴퀴한 불빛이 저녁을 밝혔다.

    의회로 진출한 새내기 의원 생쥐스트는 가출한 어린 말썽꾼들이 득실대는 미심쩍은 동네에 살 수는 없었다. 오페라 길로 통하는 골목에 평판이 좋은 '데제타쥐니'(미합중국) 호텔을 거처로 잡았다. 화가였던 호텔의 주인 여성은 카르나벨레 박물관에 걸려 있는 생쥐스트의 초상을 파스텔로 그렸을 듯싶다.[55]

---

[55] 베리에 Angelique-Louise Verrier(1762~1805)의 작품으로 추정한다. 당대 최고의 명성을 날린 여성 초상화가 아델라이드 라비유기야르 A. Labille-Guiard 의 제자.

〈조국을 구하려고 자원한 의용대원〉, 기욤 레티에르, 유화, 1799, 프랑스 혁명기념관.

생쥐스트가 파리에 도착하기 2주 전에 악몽 같은 끔찍한 사건이 터졌다. 프로이센 군대가 베르됭을 점령했고 이틀만 행군하면 파리까지 쳐들어올 수 있었다. 적군은 방어벽도 없어서 일사천리로 치고 내려올 곳에 진을 치고 있었다. 수많은 젊은이가 뒤무리에[56]와 켈레르만[57] 장군의 군대에 자원했다. 시민들은 공황상태였다. 감옥들은 튈르리궁 습격 이후 투옥된 왕정파 수감자들로 미어터졌다. 반혁명 분자들이 혼란을 틈타 그들을 구하고 파리를 장악하려 한다는 소문으로 흉흉했다.

그러자 당통과 마라가 부추긴 하층계급이 감옥으로 쳐들어가 피바다에서 뒹굴며 잔치를 벌였다(9월 학살). 바스티유 함락 때와 생쥐스트가 치를 떨었던 장면들이 또다시 벌어졌다. 더 많은 사람이 더 잔혹하게 살육당했다. 절단된 사지가 사방으로 튀었다. 프리기아 모자를 쓰고 나막신을 신은 사람들이 대대적인 원조를 얻어 곳곳에 얼룩진 핏자국을 닦아냈다. 파리는 비극의 다음 단계를 준비하였고 이때 생쥐스트는 주역의 하나를 맡는다. 그는 학살의 만행에 대해 지롱드 회원들을 이렇게 질타했다.

---

56 뒤무리에Dumouriez(1739-1823). 발미 전투에서 대승을 이끌었지만, 나중에 오스트리아에 협력한 배신죄로 런던으로 망명했다.
57 켈레르만Francois Kellermann(1735-1820). 프랑스 육군 원수. 발미 공작 (1808). 프랑스 혁명군과 나폴레옹 제국군으로 활약했다.

〈1792년 파리의 생 제르맹 데 프레 수도원 감옥에서의 프랑스 혁명 당시의 놀라운 기록,
9월 학살〉, 판화, 베르토, 『프랑스 혁명의 역사 그림』(파리, 디도 피에르,1798)

페티옹[58]과 마뉘엘[59]은 파리의 치안판사였습니다. 그들은 감옥으로 가라고 권하는 사람에게 자신들은 대중의 지지를 위태롭게 하고 싶지 않다고 대답했습니다. 무자비하게 목을 베어 죽이도록 하는 자는 죽이는 자보다 더 잔인한 법 아닙니까. 피를 흘린 비정한 인간들이 무슨 짓을 했든 간에, 여러분이 말씀해보세요. 누가 피를 흘리게 했습니까?

존중할 만한 발언이었다. 하지만 시장 페티옹과 마뉘엘은 적어도 자신들은 사건 현장인 감옥에 갔지만, 자신들보다 영향력이 훨씬 큰 로베스피에르는 그곳에서 만나지 못했다고 대답할 수도 있었다. 이날 자코뱅의 수장 로베스피에르는 거침없이 발언하는 어린 생쥐스트가 정말 무서운 아이라고 생각했으리라!

다락방의 밀담

생쥐스트는 파리에서 가장 먼저 로베스피에르를 찾아갔다. 당시 로베스피에르는 생통주 거리를 떠나 생토노레 길가에 있는 가구 딸린 방에 살았다.(1791~1794) 목수 뒤플레의 집인데 그의 딸 엘레오노르와 약혼한 사이였다.[60] 마담 뒤플레와 엘레오노르는 거물

---

58 페티옹Jerome Petio(1756~1794). 변호사 출신 파리 시장(1792).
59 마뉘엘Pierre-Louis Manuel(1751~17931). 파리 코뮌 검사.
60 엘레오노르 뒤플레Marie-Eleonore Duplay, 일명 코르넬리Cornelie(1768~1832).

의 안전을 위해 매우 까다롭게 출입을 통제했다. 더는 낯선 사람이 아니었던 생쥐스트는 바로 들어갈 수 있었다. 작은 안마당을 낀 집 2층에 로베스피에르의 방이 있었다. 아래층 목공소에서 시끄럽게 소음이 들렸다. 지붕 아래 고미다락방이 붙었고 꼭 필요한 가구만 들여놓았다.

이렇게 수수하다 못해 초라하기까지 한 방에서 훗날 혁명으로 왕정이 무너질 때 가장 큰 영향력을 행사했던 두 사람이 종종 만났다. 바로 그 방에서 당통과 데물랭의 운명이 결정되었고 로베스피에르가 불가항력이라던 마리 앙투아네트의 죽음도 결정되었다. 또 대혁명에 사회주의적 성격을 주입한 토지개혁법인 방토즈 법[61]도 나왔다. 바로 그 방에서 프랑스와 유럽, 후세의 운명도 좌우되었다.

목수 뒤플레는 혁명재판정 배심원이었다. 약혼설은 여러 반론이 있다. 보통 언약만 했다고 보는 편이지만, 엘레오노르가 로베스피에르에게 거의 부인처럼 굴었다는 증언이 있다. 반면에 그 집을 드나들던 로베스피에르의 주치의 슈베르비엘은 두 사람이 결혼식 전까지 순결을 지키던 약혼자 사이라고 단언했다. 국민공회 의원 몬넬에 따르면 "엘레오노르는 로베스피에르의 여자였다는 소문이 파다했다. 동료 의원의 증언에 따르면 그들의 비밀 결혼을 생쥐스트가 주선하고 증인으로 참석했다."(『왕의 처형에 찬동한 사제의 회상록』) 반면에 로베스피에르의 누이 샤를로트는 "'오빠가 공안위원으로 몸이 열 개라도 모자랄 만큼 바빠 죽을 지경이었는데 언제 연애하고 결혼할 겨를이 있었겠느냐?'면서 심지어 오빠는 동생 오귀스탱에게 엘레오노르와 결혼을 권하면서, '내가 어떻게 하겠어!'"라고 했다는 증언을 남겼다.(『회고록』) 미슐레는 "로베스피에르는 애인을 둘 꿈조차 꾸지 못할 사람이다"라고 했다.

61 프랑스 혁명력 2년의 풍월법 La loi de ventose an II. 1794년 2월과 3월에 각각 가결된 2건의 법안이다. 로베스피에르가 사망한 뒤 시행을 중단했다.

로베스피에르와 생쥐스트는 겉으로야 스승과 제자 사이로 보였다. 그러나 두 사람의 대화를 엿들었다는 이가 증언한 바로는 역할이 종종 뒤바뀌었다. 생쥐스트는 로베스피에르만큼 대담했고 냉철했으며 곧잘 흥분하는 로베스피에르보다 자제력이 강했다. 아마도 무언의 목격자는 로베스피에르의 커다란 덴마크 애견 브룬트였을 것이다. 머리를 발 사이에 대고 열에 들떠 다락방을 돌아다니는 주인을 보면서 그 순간 저울질하는 것이 삶과 죽음이라는 것을 이해할 수 있었을까?

절대로 부패할 리 없는 로베스피에르

생쥐스트는 로베스피에르 옆에 있었다. 의회에는 750명의 의원이 있었다. 지롱드 클럽과 몽타뉴 클럽, 마레 클럽이라고도 부른 중도파 플렌 클럽[62]이 약 3분의 1씩 차지했다.

지롱드 클럽은 남서부 지롱드강 주변 지방 출신 청년들의 모임이다. 리더는 『혁명 프랑스』의 발행인 브리소였다. 그는 훗날 명연설가 '지롱드의 매'라 불린 베르니오[63]에게 조금 밀리기는 했

---

62 플렌 클럽 La Plaine, 마레 클럽 Le Marais. 특별한 이념도 뚜렷한 리더도 없던 다수의 중도파. '강자 쪽에, 이기는 편에 줄을 서려고' 한 온건한 공화주의자이다. 계급은 같아도 성직자와 교수, 상인, 직인 등 직업은 다양했다. 늪이라는 뜻인 마레는 센강변 늪지에 형성된 지역이다.

63 베르니오 Pierre Victurnien Vergniaud(1753~1793). 변호사로서 대혁명 중에 가장 뛰어난 웅변가였다. 지롱드 클럽 회원. 입법 의회에서 여러 차례 의장을

〈자크피에르 브리소〉, 프랑수아 본느빌, 1797?, 판화, 프랑스 국립도서관.

지만, 지롱드 회원을 '브리소계係'라고 부를 만큼 사실상 우두머리였다. 브리소는 과거가 상당히 암울했던 비극적 가면을 쓴 키 작은 인물이었다. 영국 문인 A. 헉슬리가 "어떤 사람에게 벌어지는 일은 종종 그 일을 겪은 사람을 닮는다"라고 했는데 마치 브리소를 두고 한 말인 것 같다. 그에게 벌어진 일들과 만난 사람들, 당면한 상황 모두 그 사람처럼 구지레했다.

파리에서 브리소는 그가 쓴 외설스러운 시집 때문에 바스티유에 투옥될 뻔했다. 그는 금융 사건을 다른 2명과 공모했다는 혐의로 도망쳐야 했다. 영국 불로뉴로 피신해서는 공갈범인 기자와 어울려 지냈다. 런던에서는 수상쩍은 언론 활동을 했고 유령 회사를 차려 이미 좋지 않던 평판을 더욱 더럽혔다. 감옥살이를 한 후 파리로 돌아와서는 투기꾼들의 선전지를 펴냈다. 결국, 바스티유 감옥에 들어갔다. 전보다 더 풍속을 해치는 불순한 책자를 발행한 죄였다.

그의 전기작가들도 인정하는 사실이다. 적들은 그를 도둑이자 사기꾼, 끄나풀이라고 비난했다. 분명 누군가의 하수인 노릇도 했다. 브리소 자신도 '부탁받은 일을 차마 거절하지 못하는' 성격이라며 인정했다.

과거가 어둡고 성격은 음흉했지만, 브리소는 노예제 폐지를

역임했다. 특히 국왕 재판 때 "혁명은 사투르누스 같아서 자기 새끼들을 잡아먹는다"라는 명언을 남겼다.

위해 앞장섰다. 프랑스 식민지에서 노예제 폐지 운동 단체를 결성했다. 그 시대에 그런 운동을 신중하게 이끌었다면 '식민지' 해방에 실제 효과를 거둘 만했다. 그러나 브리소는 실제로 나타나는 결과에는 관심 없었고 이타주의만 부르짖었다.

> 모든 인간이 평화롭고 지구촌이 하나의 조국이 될 때까지 우리가 어떻게 편하게 지낼 수 있을까.

세계 평화를 이루겠다던 브리소는 역사상 가장 끔찍한 전쟁의 씨를 뿌렸다. 이런 사람이 지롱드 클럽의 우두머리였다. 그의 클럽은 의회에서 부르주아지를 대표했다. 이 계급은 혁명으로 원하는 것을 모두 얻었으니 이제 그들의 욕심은 오직 정복한 자리를 지키는 거였다. 그러나 민중은 강력한 경제개혁을 원했다. 이런 요구를 교란하고 개혁을 뒤로 미룰 방법은 전쟁밖에 없었다. 경제개혁이란 대체 어떤 뜻이었을까. 주머니가 두둑한 사람들의 돈으로 빈털터리의 주머니를 채울 조치들이다. 하지만 불룩한 주머니에서 돈을 꺼내기란 얼마나 어려운 일인가.

브리소와 정반대 입장에 몽타뉴 클럽 수장 로베스피에르가 있었다. 그는 부당하게 오해받았다. 사람들은 그를 제대로 알지 못한다. 로베스피에르는 정치하는 내내 대다수 약자의 우상이었다. 그가 몰락해 죽었다는 소식에 어떤 시골 여자는 이렇게 한탄했다. "아, 불쌍한 백성들의 행복은 이제 끝이야! 우리를 그토록 사랑했던 사람을 죽였어!" 수많은 프랑스 사람의 심정을 표현한 신음이 아닐까! 로베스피에르가 사망했을 즈음, 유럽 전체는 프랑스에서 평화와 질서를 회복할 사람으로 유일하게 그를 주목했다. 나폴레옹도 같은 생각이었다.

로베스피에르가 정말 '빈민'을 사랑했다고 장담하기 어렵지만, 정의만큼은 뜨겁게 사랑했다. 어떤 정부도 겪어보지 못한 절대 위기 상황에서 그는 최대한 공정하고 단호하게 행동했다. 거의 언제나 그는 그렇게 했다. 나폴레옹은 그를 '대혁명의 희생양'이라고 불렀다. 어떤 경우에도 공평무사하게 맞섰던 그가 반대했던 잔학 행위에 대해 책임을 지게 된 것이다. 그가 학살을 저지하지 않았다는 것은 사실이다. 하지만 그에 못지않은 많은 암담한 사건 앞에서 베르니오는 특별히 다르게 처신했던가? 로베스피에르의 진정한 인격을 주목하게 된 것은 요즘에 와서이다.

모두 인정했듯이 로베스피에르는 때로 편협하고 경직되었지만, 신앙심이 깊고 온전하며 인정이 많던 사람, 무궁무진한 저력을 지닌 인간, 국가 지도자로서 갖추어야 할 거의 모든 장점을 타고난 인물이었다.

그가 선장 노릇을 했던 몽타뉴 클럽은 가장 하층민인 제4계급과 공감했다. 이들 직공과 노동자, 농민이 바스티유와 중세의 성을 무너뜨린 주인공이었다. 부르주아지의 정치적 갈망을 채워준 이들이기도 했다. 그래서 부르주아지와 나란히 평등권을 얻었지만, 삶의 조건은 별로 나아지지 않았다.

브리소와 지롱드 클럽이 그토록 원했던 전쟁으로 나라의 경제는 해결되기는커녕 더 악화하였다. 결국, 바닥층에서 파리 무산자(프롤레타리아)의 무장선봉대는 그 어느 때보다 급하게 움직였다. 경제 개혁을 원했던 이들은 자신들의 주장에 동조하는 몽타뉴 클럽을 지지했다.

중도파 플렌 클럽은 원칙적으로 대립한 두 계파 사이에서 오락가락했다. 바레르[64]와 시예이에스라는 신중한 두 사람이 주도했다. 이들은 안전장치가 확실해야 위험을 다소 감수했다. 로베스피에르가 '혁명의 두더지'라고 부른 시예이에스는 결국, 보나파르트가 깔아준 푹신하고 넓은 침대 같은 자리를 택했다.

보통 지롱드 회원들을 지지했던 중도파 의원들은 그들이 무더기로 구속되자 입장을 바꾸었다. 계파를 막론하고 의원들 가운데 노동자 출신은 거의 없었다. 사실, 진정한 노동자는 한 명밖에 없었다. 그는 위대한 리옹의 방직공이었다. 그 밖의 의원들은 오히려 가난한 지식인과 변호사, 의사, 교수, 언론인, 문인, 배우, 전직 사제, 탈속한 수도사 등이었다.

미라보의 친구 라마르크[65]는 그런 의원들이 우산 한 자루, 구두 한 짝이나 살 수 있을까 하며 우스개처럼 씁쓸해했다. 어쨌든

---

64 바레르Bertrand Barere(1755~1841). 변호사 출신 정치인, 공안위원. 테르미도르 반동 이후 국민공회 의장을 지냈다. 여러 정권 의회에서 활동했다.
65 라마르크chevalier de Lamarck(1744~1829). 공화주의 혁명 옹호한 생물학의 거장. 『동물 철학』은 유물론에 기초한 현대진화론의 토대를 닦았다.

계파마다 몇몇 귀족과 부유한 부르주아가 있었고 극빈층은 몽타뉴 클럽에 등록되지 않았다.

몽타뉴 클럽 계파는 둘로 쪼개볼 수 있다. 우선 진지한 이상주의 소수파로 로베스피에르와 생쥐스트 같은 인물들이 있다. 그리고 이권에 개입하고 술수에 뛰어난 다수파 대중 선동가들이 있다. 이들 다수파는 극단주의 성향이 바람을 잘 타기 마련이고 자리나 이익을 얻기에 유리하다고 생각했다. 생쥐스트와 로베스피에르의 몰락으로 이런 다수파가 승리했고 테르미도르 반동 며칠 뒤, 생쥐스트와 로베스피에르의 투사들인 파리의 빈민도 뿔뿔이 흩어졌을 때, 대중선동으로 승리한 다수파는 빈민에게서 더 짜낼 것이 없어지자 극렬한 반혁명 분자로 돌아섰다. 그 후 그들 대부분은 나폴레옹의 발밑에 엎드려 그 거물이 비웃으며 나눠준 보상과 훈장을 자랑했다.

좀 더 순수하고 진지했던 인물들은 오히려 지롱드 회원 사이에 있었다. 테르미도르 9일, 의사당에서 로베스피에르는 경멸하는 시선을 자파 몽타뉴 회원들에게서 돌리며 나머지 의원들에게 연설했을 때 이런 판단을 했다. "순수한 여러분께 호소합니다. 협잡꾼들이 아니라!" 많은 '순수한' 의원들은 연설자의 진심에 경의를 보냈다. 그러나 그들은 로베스피에르가 왜 '협잡꾼들'로 돌변한 자들에게 무심했는지 이해할 수 없었다.

청렴한 혁명가의 의지를 다지며

새로운 의회 국민공회가 출범했을 무렵, 생쥐스트는 확실히 몽타뉴보다 지롱드 클럽을 더 선호했고 브리소는 그러한 감정을 눈치챘다. 그래서 브리소는 생쥐스트가 처음 연설에 나섰을 때 호평했다. 용의주도한 계파 지도자 브리소는 당연히 젊은 의원을 포섭하고 싶어 했고 그가 기개 있는 인물이었다면 성공했을 것이다.

사실, 젊고 경험도 별로 없는 젊은이가 거물급 선배에게 배우고 싶은 욕심이 왜 없었을까? 하지만 그는 로베스피에르를 존경하면서 브리소를 경멸했다. 그러나 여전히 자신감이 부족해 거의 두 달 남짓 격론이 벌어질 때도 잠자코 앉아만 있었다. 일종의 수련기였다. 그동안에도 매일 로베스피에르를 찾아갔고 선배는 후배에게 정치적, 경제적 시야를 넓혀주고 관점을 이끌어주었다.

로베스피에르는 어떤 생각을 하고 있었을까? 정치에 관해서라면 가장 넓은 의미의 민주주의를 신봉했다. 그는 하층민의 운명이 뚜렷이 개선되지 않는 한 혁명은 절대로 성공할 수 없다고 확신했다. 호사와 빈곤, 나태와 혹사가 없는 사회를 건설할 수 있다고 믿었다. 국가가 모든 아이를 책임지고 기본생활을 보장하며 보호하고 가르칠 준비를 해야 한다고 했다. 누구나 일할 기회를 보장하고 노인과 병자를 보호하는 시설이 필요하다고 했다.

꿈 같은 계획이지만, 실현하지 못할 것도 없었다. 수많은 세월의 족쇄를 끊었을 때였다. 톨스토이의 표현대로 '가난한 사람

들을 짓밟는 짓만 그치지 않을 뿐, 어떤 짓이든 거침없이 해대는'
자들이 겁먹었을 때였다. 사람들은 해묵은 제도로는 채울 수 없
는 새 희망으로 부풀었다. 역사적인 운명의 시간이 다가왔다.

안마당에서 망치와 대패질 소리가 협주처럼 울려 퍼졌다. 다
락방에서 생쥐스트는 선배의 설명을 들으며 유토피아가 차츰 다
가온다고 보았다. 그는 얼마 안 되는 시민들을 위해 법을 제정했
다고 고대의 리쿠르고스[66]에게 감탄했었다. 이제 서구에서 가장
인구가 많은 나라를 자유와 행복의 나라로 이끌 수 있다는 희망
이 생겼다. 거의 종교적 믿음이었다. 그는 노트에 이렇게 적었다.

폭정과 불의에 대해 프랑스 국민에게 조심스럽고 활기차며 민감하
고 준엄한 사회도덕을 뿌리내리게 하지 못한다면 나 자신을 찌를 것
이다.

이런 새롭고 격렬한 열정은 생쥐스트의 삶을 완전히 바꾸어
놓았다. 그가 몰락한 뒤 너무 추잡해서 솔깃한 이야기들을 재미
삼아 떠드는 그에 대한 풍문은 신뢰하기 어렵다. 생쥐스트가 팔
레 루아얄의 생타마랑트 도박장을 드나들며 중년의 주부와 기혼

---

66 리쿠르고스(B.C.800?~B.C.730). 스파르타의 개혁가. 실존 인물인지는 불확실
    하다. 그는 토지의 공정한 분배, 주민의 평등, 이기심 억제를 기본으로 부패한
    사회를 개혁하려고 했다. 부유층과 기득권의 극심한 반발에도 개혁을 밀어붙
    여 스파르타 군국주의 체제를 완성했다.

녀인 그 딸[67]의 꽁무니를 극성맞게 쫓아다니며 추근거렸을 리 없다. 더군다나 그 여자들에게 딱지를 맞고 보복하려고 그들을 처형했다니 터무니없다. 심지어 생타마랑트의 도박장 아가씨의 피부로 재단한 속옷을 입고 다녔다는 소문까지 돌았다. 반동분자들의 상상에 맞춰 삼류작가들이 퍼트린 헛소문과 전설은 얼마나 끈질기고 오래가는지! 하지만 그런 이야기들을 잔뜩 수집해 생쥐스트의 『전기』에 인용한 플뢰리도 생쥐스트가 파리에 정착한 뒤에는 "은둔수도사처럼 살았다"라고 했다.

생쥐스트는 매력 넘치는 꽃미남이라 이전보다 많은 지출을 했겠지만, 방탕한 생활을 할 사람은 아니었다. 그는 여자들 앞에서 점잖게 웃으며 돌아섰다. 빈번했던 살롱의 초대에는 응하지도 않았다. 지롱드 회원들은 살롱을 드나들던 끝에 몰락했지만, 생쥐스트는 재산을 늘릴 숱한 기회와 유혹에 넘어가지 않았다. 당통 같은 혁명 동지가 굴복했고 고향 친구 도비니도 저항할 수 없었다. 생쥐스트는 타고난 성격을 지켰다. 고대 영웅들을 존경한 것은 자신과 바탕이 비슷했기 때문이다.

혁명가는 고지식하지만 분별할 줄 안다. 어떤 거짓과 관용과 애착과도 타협하지 않는다. 혁명가는 악인과 타협하지 않지만 정이 많다. 조

---

67 생타마랑트Sainte-Amaranthe 모녀. 반혁명을 모의하는 왕정파의 소굴이 된 살롱을 운영했다. 귀족은 물론 왕정을 지지하는 문인과 예술가, 배우, 장인들과 화류계 여자들이 드나들었다. 모녀는 로베스피에르를 증오했다.

국의 영광과 자유를 소중히 지키려고 어떤 일도 허투루 하지 않는다. 그는 진실을 말한다. 깨우치도록 하는 것이지 모욕하려고 하는 것은 아니다. 그것을 지침으로 삼아 훼손되지 않도록 한다. 혁명을 굳게 다지려면 과거에 못되게 군 만큼 잘해야 한다.

생쥐스트는 자기와 다른 의견에 관대했지만, 국가 안보와 혁명의 대의를 위협하면 절대 양보하지 않았다. 같은 하숙집에 죽은 국왕근위대원의 부인 데포르트 드둘랭이 살았다. 방에 오스트리아의 마리아 테레사 여제가 남편에게 선물로 준 초상화를 걸었다. 부인은 생쥐스트를 너그럽고 자상하다며 항상 칭찬했다. 그렇지만 나중에 "이렇게 친절하고 멋진 젊은이가 공화정의 음침하고 무시무시한 두목"이었다니 하며 깜짝 놀랐다.

탕플 요새에 감금된 왕과 왕비

민중이 튈르리궁을 습격한 후, 루이 16세 가족은 탕플(프랑스어로 '탑')에 구금되었다. 인구가 가장 많은 구역에 있는 탕플은 오래되고 육중한 중세 요새였다. 국왕 내외는 그곳에서 나쁘지 않은 대우를 받았다. 파리 코뮌에서 지급한 식비 지출 명세를 보면 확인할 수 있다. 나중에 축제에서 신나게 잡아먹으려고 왕을 기름지게 살찌우려 했을까. 14주 동안 구금 생활을 하면서 근엄한 왕가 죄수들은 식비로 3만 5천 72프랑을 지출했다. 저녁 메뉴를 보자.

〈1795년경의 탕플〉, 유화, 작자미상, 카르나발레 박물관.

수프 3, 앙트레 4, 구이 2, 앙트르메 4, 비스킷, 콩포트 3, 버터 타르틴 3, 샴페인 1병, 백포도주 말부아지, 적포도주 보르도와 마데르 각 1병, 커피 4잔, 생크림 1단지 등.

국민공회의 조사를 받은 왕은 탕플 요새로 되돌아가 잔뜩 먹고 마시며 기운을 차렸다.

갈비 6대, 가금 4분의 1마리, 달걀, 적포도주 2잔, 백포도주 알리캉트 1잔.

풍문에 따르면 도피 중에 콩도르세[68]가 달걀 12알로 오믈렛을 주문했다가 숙박업소 주인의 의심을 샀다. 위대한 학자는 오믈렛에 달걀이 몇 개 들어가는 줄 몰랐기 때문이다. 마침 자코뱅 회원이던 주인은 서민의 음식조차 모르는 사람이니 틀림없이 귀족이라고 생각했다. 그러나 루이 16세는 달걀 12알을 꿀꺽 해치울 만큼 왕성한 먹성으로 단김에 먹어 치웠을 테니 의심을 살 만한 별다른 이유는 되지 못했다.

---

[68] 니콜라 드콩도르세Nicolas de Condorcet(1743~1794). 계몽철학자, 수학자, 국민공회 의원. 지롱드 클럽에서 활동하다가 숙청되었다. 에로 드세셀의 혁명 법안을 비판했다가 반혁명분자로 몰렸다. 생쥐스트가 그를 구하려고 노력했지만 허사였고 콩도르세는 체포되어 수감된지 이틀만에 감옥에서 의문사로 인생을 마감했다. 그의 유해는 팡테옹에 묻혔다.

루이 16세와 마리 앙투아네트가 조국을 배신한 위중한 국사범이라는 사실이 이제는 밝혀졌다. 당시 재판 중에는 혁명 당국에서 대부분의 증거를 확보하지 못했지만, 여러 문건과 증언으로 그들의 유죄는 확실해 보였다. 그러나 왕과 왕비는 자기편에 올바른 권리가 있다고 생각했다. 반면에 생쥐스트는 이들의 태도를 매우 다른 의미로 보았다. 군주는 왕권과 자신의 신변을 위해 법과 관례, 선의, 심지어 인간성을 버리고 자기 병사들을 적에게 넘겼다. 역사가와 심리학자가 보기에 군주 내외의 처신은 하루아침에 부도덕한 것이 되었다.

'짐이 곧 국가'는 유럽 군주제의 신념이었다. 그런 굳건한 믿음에서 루이 16세 부부도 자신들이 배신자라는 생각을 꿈에도 하지 못했다. 자신들의 신상에 유리한 것이 곧 국가에도 유익하다고 생각했다. 성스러운 기름으로 축성 받은 왕과 왕비는 나라와 신민臣民의 행복이 자신들에게 달려있으므로 그 행동도 정당화할 수 있다고 믿었다. 왕과 왕비는 간혹 사태를 깊이 생각하며 불안해했지만, 고해신부들이 즉시 안심시켰다. 그러나 그레구아르[69] 신부는 이렇게 말했다.

왕은 도덕적 개념이다. 육신의 세계에서는 괴물이다.

---

69 그레구아르Henri Jean-Baptiste Gregoire, l'abbe Gregoire(1750~1831). 프랑스대혁명 시기에 가톨릭 사제를 대표한 혁명가. 특권과 노예제 폐지와 총선거 실시 등 혁명의 진보 정치를 지지했다. 프랑스 학사원 창립회원.

상당히 일리 있는 말이다. 왕이 실제로 괴물은 아니다. 여전히 인간이다. 그러나 자신이 국가를 대신한다는 개념에서 왕은 괴물 같은 성격이 된다. 대혁명은 바로 이런 개념을 타파했다.

1793년 11월 13일, 국왕의 재판이 시작되었다. 생쥐스트는 세 번째 발언자로 나섰다. 의원들은 몹시 궁금해했다. 그들 상당수는 일찍이 로베스피에르가 생쥐스트를 각별히 애지중지하는 모습을 주목했었다. 뜨거운 감자를 두고 논쟁이 가열될 때도 자기 곁에 앉혀두기만 했던 생쥐스트 아닌가.

연단에 오른 생쥐스트는 초선의원이었지만 떨지 않았다. 금색 단추로 여민 청색 상의와 고급 넥타이를 두른 모습은 의젓했다. 곱고 조각처럼 반듯한 이목구비에 어깨까지 내려오는 가발을 두른 얼굴에는 귀티가 물씬 풍겼다. 도전적이면서도 엄격해 보였다. 의원들은 그의 연설을 들으려고 장내에 자리 잡았다.

의원들은 그의 첫 몇 마디에 귀를 의심했다. 심각한 얼굴로 바짝 긴장했다. 혁명적인 웅변에서는 처음 듣는 소리였다. 연설이 아니었다. 싸우자는 선언이었다. 마치 혁명이 생쥐스트의 입을 빌려 무섭고 냉엄하게 거리낌 없이 뜻을 밝히는 듯했다. 수백 년 동안 켜켜이 덮여있던 먼지를 단김에 빗자루질로 털어내려는 듯했다.

중간은 없습니다. 이 사람은 군림하거나 죽어야 합니다. 저의가 뭐냐고 묻지 마십시오. 그는 자신이 한 모든 일이 자신에게 맡겨진 국

〈1792년 12월 26일, 루이 16세의 재판정〉, 판화, 엘레오노르 르벨, 19세기.
화면 오른쪽 아래 착석한 인물이 루이 16세.

가를 위해서였다고 할 것입니다. 정당한 처벌을 하려다가는 악순환의 고리를 잃어버릴 것입니다.

이어서 생쥐스트는 군주제와 혁명을 비교했다. 왕은 왕좌의 이익과 왕가의 복지밖에 관심 없다. 생쥐스트는 오직 공화국만 중요했다. 루이 16세와 마리앙투아네트는 왕정과 자신들의 안전을 위해 자기 병사들을 죽음으로 내몰았고 생쥐스트는 공화정의 선과 이익을 위해 불가피하게 그들을 고발했다. 왕의 안중에는 법도 관습도, 인간도 어떤 것도 없었다! 하지만 생쥐스트는 아무것도 따질 틈이 없었다. 그것은 재판이 아니라 왕정과 공화정이 치르는 무자비한 전쟁이었다.

왕을 적으로 심판해야 합니다. 싸우는 것이 아니라 심판해야 합니다.

왕이라는 이유로 사형에 처해야 했다. 재판도 유예도 없이.

악의 없이 통치할 수 없습니다. …… 어느 날 우리는 18세기가 고대 로마의 카이사르 시대보다 진보한 사회가 아니라는 데에 놀랄 것입니다. 로마 사람들은 독재자를 원로원 한복판에서 죽였습니다. 어떤 형식도 필요 없었지요. 로마의 자유를 위해 칼만 스물세 번 휘둘렀습니다.

칼을 휘두르듯 무시무시한 연설 아닌가! 의원들은 아연실색했다. 그리고 비로소 과거와 단절한다는 혁명의 절대적인 의미를 깨달았다. 의원 대다수는 동료를 따라 가파른 혁명의 능선을 오르기에는 너무 겁이 많고 소심했다. 그러나 혁명을 상징하는 동료의 연설에서 모호한 혁명의 의미를 생생하게 받아들였다.

모두 일어나 생쥐스트에게 박수를 보냈다. 몽타뉴와 플랜, 지롱드 클럽 등 계파를 가리지 않았다. 그들은 왕의 유죄 판결뿐만 아니라 자신 중 많은 이의 유죄 판결에도 박수를 보냈다. 생쥐스트의 웅변은 무자비한 비수였다. 왕의 머리를 요구했던 혁명의 이름으로 재판절차 없이 그들의 머리를 요구하는 데는 오래 걸리지 않았다.

혁명의 참뜻

우리는 혁명을 증오할 수도, 사랑할 수도 있지만 이론의 여지 없는 사실이 있다. 생쥐스트는 혁명의 뜻을 정확하게 찾아냈다. 머뭇거리면 혁명은 실패한다. 사과만 받고 용서하려고 하다가는 실패한다. 아직 자기 법도 만들지 못한 마당에, 합법과 불법 사이에서 오락가락하는 혁명은 실패한다.

감행하라. 혁명의 모든 정책은 이 한마디에 달렸다. 반쪽짜리 혁명을 시도했던 사람 모두 제 무덤만 팠다.

생쥐스트는 처음부터 대담했다. 혁명에 대해서든 자신에 대해서든, 공화국 안팎에서 적들이 뭐라고 하든 걱정하지 않았다.

어쩌면 훗날 사람들은 민중이 자신이 해야 할 일보다 자신에 대해 더 많이 생각하게 된 시대에 놀랄 것이다.

생쥐스트는 자신의 과업을 정하고 실행했다. 사람들이 동의하든 비난하든 신경 쓰지 않았다. 플뢰뤼스 전투[70]를 승리로 이끌고 돌아왔을 때, 동료 위원들이 의회에 제출할 보고서를 요구하자 그는 총사령관의 편지로 충분하다며 거절했다. 바레르가 보고서를 작성해 발표했다. 나중에 생쥐스트는 이 일을 논평했다.

열 올리며 플뢰뤼스 승전보를 알리는 사람이 있고 조용히 제 몫을 하며 싸우는 사람도 있지. 공성전 이야기로 떠드는 사람이 있고 죽어서 참호 속에 처박혀 있는 진짜 싸운 사람들이 있지. …… 명성이란 요란한 빈수렛소리이다. 지난 세월의 소리에 귀 기울여 본들 뭐가 들릴까. 시대가 바뀌면 우리가 세운 벽 사이로 거니는 이들은 더는 듣지 않을 텐데. 비겁하게 살아남은 자보다 어떤 대가를 치르든 명예롭게 죽은 자 소리를 듣는 것이 우리가 할 일이지!

---

70 플뢰뤼스 전투-Fleurus. 1794년 6월 26일에 프랑스 혁명군이 작센 코부르크 휘하의 오스트리아 연합군과 벌인 전투. 당시 오스트리아 영토이던 오늘날의 벨기에 샤를루아 부근의 플뢰뤼스에서 승리했다. 다음장에서 자세히 소개한다.

그의 용기와 강인한 성격, 단호한 결심을 어떻게 부인할 수 있을까! 브라우닝의 시구는 바로 그를 위해 쓴 것만 같다.

온 힘을 다해 겨룹시다.
삶이 원하는 대로.

몇 달 뒤 생쥐스트는 의회에서 자신의 가치를 증명했다. 그는 파리에서 쉬지 않고 일했다. 전쟁부와 재무부, 내무부에서 지도와 견적, 보고서와 통계를 들여다보면서 시간을 보냈다. 그가 남긴 일정표에는 군사 정보와 세부 사항, 공화국 군대의 병력과 물자 현황, 병영 필수 보급품과 도시들의 방비 정보가 들어 있다.

지역 재정 정책과 식량 부족과 가격상승 관계에 관한 그의 연설은 현대 경제학자들의 인정을 받았다. 그런데 생쥐스트가 군대 재편을 주제로 연설했을 때 로베스피에르는 못마땅해했다.

세상에는 공화국의 미덕에 걸맞지 않은 세 가지 파렴치가 있습니다. 왕과 그에 대한 굴종, 그리고 싸우지 않고 무기를 내려놓는 것입니다. 어디에나 주인이 있고 노예가 있습니다.

생쥐스트는 꽤 성스러운 전쟁을 설파했다. 브리소는 힘껏 밀었고 로베스피에르는 돈키호테 같은 발상이라며 비난했다. 다른 연설에서 생쥐스트는 조금 누그러진 어조로 말했다.

세상 모든 민족의 복을 빌어야겠지만 사실, 자기 나라의 복밖에 빌수 없습니다. 위원회는 그런 사실을 잘 알고 있기에 세계에서 프랑스 사람만 생각합니다. 박애는 너무 오랫동안 우리를 할퀸 공격 앞에서 가면으로 이용되었습니다. 박애라는 명분으로 10만 명의 프랑스 동포를 비롯해 12만 명이 벨기에 땅에 묻혔습니다.

국왕 처형

어느 날, 10만 명의 국민방위대원이 탕플 요새와 혁명광장 사이 길을 따라 2열 종대로 늘어섰다. 비에 젖어 얼룩지고 부스러진 거대한 자유의 여신상 근처에는 높고 불길한 단두대가 있었다. 칼날은 쌀쌀한 겨울 하늘 아래 더 스산하게 번쩍였다. 광장에서 보병과 기병 2천 명이 군중을 통제했다.

가느다란 빗줄기가 스몄지만, 청색 제복의 병력이 울타리처럼 둘러선 거리 뒤로 수많은 군중이 차츰 밀려들었다. 주변 건물의 수많은 창문은 덧창을 닫아걸고 애도를 표시했지만, 거리에 나온 남녀노소는 단두대로 향하는 왕의 행차를 더 잘 보려고 밀리고 또 밀렸다.

갑자기 소름 끼치는 굉음이 탕플 문 바로 앞에서 울렸고 긴 파란 줄의 한쪽 끝에서 다른 쪽 끝까지 일정한 간격으로 퍼져나 갔다. 또 다른 고수들은 을씨년스럽게 북을 두드리며 단두대 아래쪽 군악대와 합류하러 나섰다. 이어서 감방문들이 활짝 열렸고

〈루이 16세 처형 당시 혁명광장(오늘날 콩코드 광장)〉, 복제판, 샤를 모네, 1793,
프랑스 국립도서관.

관리들과 병사들이 마차를 호위하기 시작했다. 녹색 마차는 비에 젖어 미끄러운 도로로 천천히 굴러갔다. 마차 안에서 기도서를 읽는 고해신부의 팔에 기댄 채, 루이 16세는 자신에게 닥친 끔찍한 현실을 잊어보려 애썼다.

누군가 왕의 목이 떨어지는 시각에 맞춰 포성을 울리자고 제안했지만 무시당했다. "왕의 목은 그렇게 큰 소리를 낼 만큼 중요하지 않아!" 사실, 그랬다. 루이 16세의 사형 집행은 열띤 박자에 맞춰 줄줄이 이어진 재앙 가운데 불거진 사건일 뿐이었다. 영국과의 전쟁과 뒤무리에 장군의 배신, 파리의 경악할 만한 사건, 민중 봉기와 방데 지역의 반혁명 봉기 등 모든 사건이 단 몇 주 안에 벌어졌다.

그 시간에도 의회에서 의원들은 숨 가쁘게 싸우고 있었다. 자코뱅 회원들과 지역구민들에 떠밀려 몽타뉴 회원들은 최악의 사태는 막아보려고 강경 조치를 서둘렀다. 지롱드 회원들은 부르주아지를 희생할 수 없다며 계속 가로막았다. 게다가 그들은 자신들 속에 침투한 왕정파에게도 끊임없이 시달렸다.

젊고 유능한 지롱드 클럽의 선동가들은 야심에 눈이 멀어 웅변을 앞세워 중도파의 전열을 흔들었다. 로베스피에르가 무자비한 논리로 선동가들의 날카로운 노조를 꺾으려 했지만 허사였다. 빠르게 대응하지 못하면 지롱드 클럽은 혁명을 매장하고 나라의 통일까지 깨트릴지 모를 판이었다.

어떻게 해서든 지롱드 클럽의 입을 틀어막아야 했다. 그들을

〈혁명재판소의 지롱드 회원들에 대한 재판 장면〉, 동판화, 작자미상, 1793.

구속하는 수밖에 없었다. 합법적인 방법은 의회의 체포영장뿐이었다. 중도파의 도움이 필요했지만 그들은 꽁무니를 뺐다. 로베스피에르는 영장 없이 체포해야 하는 위험천만한 문제에 직면했다. 불법 행위를 합법적인 모양새로 보이기 위해 고심했다. 그런 결정을 내리도록 종용한 이는 생쥐스트였을 것이다.

뒤플레 씨 댁 작은 방에서 신중한 선생과 못 말리는 제자는 격렬한 논쟁을 벌였다. 합법성을 표방한 체포 작전은 완벽했다. 국민공회는 매일 엄청난 압력을 받았다. "지롱드 수뇌부를 체포하라!" 자코뱅 클럽과 코뮌, 지역구 대표들이 매일, 때로는 매시간 같은 주장을 되풀이했다. 비상종까지 울렸다. 퐁네프에서 포를 쏘았고 다수 중도파 플렌 클럽에는 무기를 휘두르며 겁박했다. 중도파는 계속 거부하며 버텼다. 결국, 마지막 카드를 꺼냈다.

1793년 6월 2일, 또다시 파리 사람들의 귀가 마비될 정도로 요란하게 북이 울렸다. 모든 국민방위대원은 의회가 있던 튈르리궁으로 행진했다. 체포령을 촉구하는 시위였다. 생쥐스트와 로베스피에르, 30여 명의 동지는 조용히 자리를 지켰다.

불운한 의원들은 자리를 박차고 일어나 밖으로 나갔으나 군중의 울타리에 가로막혔다. 시냇물 속에 넣어둔 어항에 갇힌 물고기가 출구를 찾는 꼴이었다. 어쩔 수 없이 회의장으로 되돌아온 의원들은 대대적인 지롱드 회원들의 연설을 들었다. 이어서 그들이 요구하는 대로 투표했다.

치밀한 준비에도 로베스피에르는 심각한 실수를 했다. 대변인 쿠통[71]이 체포령은 가택연금 수준일 것이라고 발표했다. 이러한 절반의 조치로 많은 지롱드 회원들이 도피했고 즉시 62개 지방에서 반대운동을 조직했다.

생쥐스트는 동료들이 수다스러웠던 만큼 말이 없었다. 회기 동안 어떤 발언도 하지 않고 자리만 지켰다. 하지만 쿠데타를 결의한 샤랑통에서 열린 비밀위원회에 참가한 것은 분명하다. 적어도 책임을 지고 지롱드 클럽 봉기를 진압하는 위원이었다. 그는 지롱드 클럽에 관한 보고서를 의회에 제출했다. 유명한 첫 번째 보고서는 혁명정부의 독재를 위협하는 분파에 관한 것이었다.

모든 법에 우선하는 법은 공화국의 보존이다.

생쥐스트는 무슨 일이 있어도 자코뱅 공화국을 구하려고 했다. 그래서 그는 포기하지 않고 진정한 혁명의 이상을 설정했다. 그는 진실까지 서슴없이 호도했다. 정도가 지나쳤다고 해도 열정으로 이성이 마비된 그를 경멸할 수 없다. 그는 모든 위험을 감수하며 가차 없이 주변을 공격했다. 그래서 원인의 옳고 그름이나 그 원인에 대해서도 잊어버리고 신성한 공포에 떨게 된다. 르바쇠르[72]는 이렇게 말했다.

---

71 쿠통 Georges Couthon(1755~1794). 변호사 출신 정치인. 생쥐스트, 로베스피에르와 함께 공안위원으로서 공포정치의 3인방으로 꼽힌다.
72 르바쇠르 Rene Levasseur(1747~1834). 외과의 출신의 국민공회 의원. 몽타뉴

치를 떨며 생쥐스트를 바라본다. 하지만 감히 그를 존경하지 않는다고 말할 사람이 있을까?"

생쥐스트는 지롱드 회원들을 무자비하게 고발했지만, 연민에 넘치는 어조로 마무리했다.

자유 덕에 해방된 사람들이 자유를 무서워할 필요는 없다. 법을 따르면 된다. 하지만 도피해 무장하고 공격하는 자들은 추방해야 한다. 그들이 했던 말 때문이 아니라 그들이 했던 짓 때문이다. 나머지 사람들은 재판하고 대다수는 용서해야 한다. 실수를 범죄와 혼동하지는 않도록 한다.

1793년 7월 10일, 생쥐스트는 당선된 지 10개월 만에 개편된 공안위원으로 선출되었다. 생쥐스트는 프랑스 정부의 일원이 되었고 공화국에서 가장 막강한 인물의 대열에 올랐다.

최고 실권자 생쥐스트

블레랑쿠르 사람들은 거물이 된 생쥐스트를 자랑스러워했다. 온통 그에 관한 이야기꽃을 피웠다. 신문들도 그에 관한 화제 기사로 넘

클럽에서도 강경파로 지롱드 회원을 비롯 많은 사람의 처형에 일조했다.

쳤다. 그를 주인공으로 수많은 기억을 되새겼다. 어린 시절에 서로 싸웠다거나 로라게 백작의 성 밑에서 함께 고사리를 뜯었다며 흥분했다. 그가 로베스피에르에게 가축시장에 관해 쓴 편지를 언급하면서 덕분에 마을이 재앙의 고비를 넘겼다고 뿌듯해했다.

판화로 찍은 생쥐스트의 초상이 마을 관청 대회의실에 걸렸다. 또 다른 초상들도 전국으로 팔려나갔다. 친구 튀이에도 덩달아 유명 인사가 되었다. 생쥐스트가 이미 친구 가토에게 관직을 주선했으므로 조만간 튀이에도 파리로 갈 것이라고 믿었다. 생쥐스트의 어머니는 깍듯한 인사를 받았다. 평등은 아름답지만 어느 시대 어느 정권에서나 거물은 특별한 대접을 받기 마련이다.

블레랑쿠르에서 생쥐스트의 혜성 같은 출세로 가장 기쁘면서도 착잡했던 사람은 다름 아닌 루이즈 토랭이었다. 생쥐스트에게서 편지 한 통 없었다. 이별을 바랐지만 잊힌 여인은 되고 싶지 않았다. 폐허가 된 성의 숲에서 사랑을 속삭이던 세월이 얼마인가. 생쥐스트가 야망을 이룬 만큼 루이즈는 그에게서 멀어졌다.

루이즈는 부모의 반대에 맞서 자기 뜻을 좀 더 강하게 주장했어야 했다. 그랬다면 생쥐스트와 결혼해 지금쯤 파리 한복판에서 명사들에 둘러싸였을 것이다. 현실은 우둔한 촌구석에서 매일 뻔한 사람들과 무미건조하고 권태롭게 시간만 죽이고 있었다. 기품있고 세련된 애인과 재치 넘치는 대화를 나누기는커녕 저녁마다 천박한 용모로 빤한 수다나 주절대는 남편과 마주 앉아야 했다. 밤마다 루이즈는 생쥐스트 곁에 있는 모습을 꿈꾸었다.

가이용 길에 수도사처럼 처박히거나 사무실에 오가며 밤낮 없이 전쟁과 재정, 공안과 관련한 고된 일을 소화하면서 빵 몇 조각과 소시지 몇 쪽, 포도주 한 잔으로 책상에서 끼니를 때우는 생쥐스트는 아니었다. 로베스피에르의 소박한 거실에서 친구 르바의 노래나 이탈리아 혁명 동지 부오나로티[73]의 하프시코드 연주, 로베스피에르가 읊는 코르네유와 라신의 노랫말 몇 행을 듣는 것이 유일한 낙인 생쥐스트의 모습을 상상하지는 못했다.

루이즈는 생쥐스트를 완전히 다른 모습으로 그렸다. 그는 정부에 참여하는 사람이지 않나. 그런 사람이라면 누구보다 화려하게 살지 않을까? 휘황한 거울에 둘러싸인 넓은, 길고 큰 촛불을 밝히고 우아한 커튼이 드리운 거실에서 생쥐스트가 거물들과 귀부인들, 미녀들과 환담하는 모습이 그려졌다. 보바리 부인(플로베르의 소설 『보바리 부인』의 주인공)이 순진하게 대사의 생활을 상상했던 것처럼 루이즈가 생각하는 권력이란 그런 모습이었다. 그러면서 부모의 뜻을 단호하게 거부하지 못했던 자기 행동을 후회했다. 거부했다면 지금 그와 팔짱을 끼고 비로드 양탄자가 깔린 거실에서 정중하게 인사하는 남녀들을 응대하고 있었을 텐데…….

결혼기념일이 가까웠던 즈음 루이즈는 위험한 속내를 품었다. 루이즈와 옛 애인 생쥐스트 사이에 세상 사람들의 시선이 여

---

73 부오나로티 Philippe Buonarroti(1761~1837). 이탈리아 출신 혁명가. 로베스피에르 측근으로 훗날 바뵈프와 함께 공산주의 이론의 바탕을 다진 선구자. 죽는 날까지 혁명을 위해 싸웠다.

〈1793년, 공안위원회 대회의실〉, 수채화, 작자미상, 프랑스 국립도서관.

전히 있었다. 마음속에서는 오래전부터 무너뜨린 장애였다. 그따위 장애를 걷어치우는 날 새로 태어나는 기분으로 파리로 가려고 했다. '모든 인연을 끊고 그를 만날 거야. 남편이 이혼을 수락하면 생쥐스트와 결혼해 행복하게 살 수 있어! 결혼이 어렵다면 애인으로라도 곁에 있지 뭐……. 고약하지만 신경 쓰지 말자.' 루이즈는 토랭 같은 남편과 사느니 생쥐스트의 애인으로 사는 편이 백번 낫다고 생각했을 것이다.

7월 25일, 루이즈는 블레랑쿠르에서 사라졌다. 플로베르의 소설 같기만 한 루이즈의 드라마를 재구성하기에 자료가 너무 없다. 그나마 튀이에가 생쥐스트에게 보낸 1793년 9월 2일 자 편지가 남아 있어 뜻깊은 사연을 들을 수 있다.

> 토랭 부인 소식이 있는데 예외 없이 네가 납치했다고 들먹거려. 생토노레 길가에 있는 자코뱅 클럽 맞은편 튈르리 호텔에 묵고 있다고. 양식 있는 사람들에게 퍼트리는 악소문을 근절해야 하지 않을까? 납치 사건으로 실추된 자네 명예를 지켜야 하지 않겠어? 네가 그런 생각을 하지도 않겠지만, 무심하다면 곤란해. 아무튼 친구로서 했던 약속을 지키겠지?

마지막 문장은 분명 생쥐스트가 튀이에에게 공직 자리를 주선하겠다던 약속을 암시한다. 생쥐스트는 답했다.

편지, 어제 받았어. 너무 바빠 열어보기만 했지. 어떤 악귀가 토랭 아씨를 너한테 불러냈을까? 사람들이 그 여자에 관해 하는 말은 나와는 무관한 일이야. 지금 길게 쓸 형편은 못돼. 요점은 이거야. 도청에서 가토에게 편지로 너의 전갈 원본을 달라고 했다며? 이에 관해 전쟁 장관에게 얘기 해뒀어. 군납품 관리 자리가 좋지 않을까? 너는 정직하고 지식이 있어서 자격이 충분할 거야. 잘 지내. 앞서 전한 말을 다시 하려거든 사실인지 확실히 알려주면 좋겠고. 나는 며칠 안에 군대로 돌아갈 거야. – 생쥐스트

생쥐스트는 글 한 줄로 100만 대군[74]의 조달 담당자를 결정할 수도 있는 인물이었다. 그런 거물이 명예를 잃을 짓을 경솔하게 저질렀을까? 하지만 루이즈의 미친 듯한 행동이 생쥐스트와 전혀 관련 없었을까? 루이즈에게 생쥐스트는 삶의 전부였지만, 생쥐스트에게 루이즈는 좋은 시간을 보내는 애인 정도였을 것이다. 사실, 그가 루이즈를 진정으로 사랑했다고 보기 어렵다. 작은 시골이라 가까워졌을 뿐이다. 야심에 찬 총각과 열렬하고 꿈은 많지만, 평범한 시골 처녀의 사랑이었다. 생쥐스트가 루이즈를 만난 곳이 파리였다면 다른 생각을 했을지 모른다.

이제 생쥐스트는 악화일로의 상황에서 산더미처럼 쌓인 급

---

74 1793년 프랑스 혁명군은 20만 정도였다. 추가 징병 외에 의용자들이 대거 입대해 연말에는 80만 병력이었다. 육군과 해군을 포함 15개 군에 배속되었다.

한 현안에 치여 루이즈를 거의 잊고 지냈다. 그즈음 르바의 소개로 18세이던 그의 여동생 앙리에트와 약혼도 했다. 열렬히 사랑하지는 않았던 탓에 얼마 뒤 파혼하기는 했지만……. 이런 상황에서 그가 파리로 옛 애인을 불러들이거나 납치했다고 보기 어렵다. 루이즈의 단독 행동이 아니었을까.

생쥐스트가 파리에서 루이즈를 만났을 확률이 높다. 루이즈는 집무실로 사용한 파비용 드플로르에 그가 있다는 사실을 알았을 것이다. 그녀의 소식에 놀란 생쥐스트는 성가신 기분으로 걱정하며 귀가하라고 달래지 않았을까. 루이즈가 파리에서 10주 동안 머물렀으니 충분히 가능한 얘기다. 6년 동안 애인 사이였고 여전히 그를 사랑한다는 여자에게 어떤 남자가 "그 시절 어쩔 수 없는 분위기에 취했던 한때의 로맨스"였다며 매정하게 잘라 말할 수 있을까? 그는 마지못해 루이즈를 찾아갔을 것이다. 그리고 앙리에트와 약혼했다고 말했을 수도 있다. 루이즈는 결혼보다 더 넘지 못할 벽 앞에 선 심정이었을 것이다. 그리고 생쥐스트가 이제는 자신을 사랑하지 않을뿐더러 과거에도 그랬다는 것을 깨달았을 것이다.

10월 8일, 루이즈는 쓸쓸하게 블레랑쿠르로 돌아갔다. 루이즈가 집으로 돌아오자 읍장은 남편과 화해시키려고 했다. 남편은 아내를 용서하려고 했지만, 루이즈는 자신이 저지른 짓을 책임지겠다며 독신으로 살겠다고 했다. 같은 달에 남편 토랭은 지역의

〈파비용 드플로르 Pavillon de Flore 전경〉, 판화, 작자미상, 1814, 프랑스 국립도서관.
플로르 별관은 튈르리궁의 부속건물이다.

자코뱅 회원의 고발로 콩시에르주리[75] 감옥에 수감되었다. 당시 생쥐스트는 최전선에 나가 있던 터라 그 사실을 몰랐다. 번번이 계획대로 되는 일이 없던 루이즈는 별수 없이 생쥐스트에게 남편의 사정을 하소연했던 것 같다. 6개월 뒤 토랭은 석방되었다.

1794년 7월, 생쥐스트가 몰락하기 직전에 루이즈는 이혼했다. 블레랑쿠르에 칩거했고 생쥐스트를 다시 보지 못했다. 물론, 생쥐스트가 전방으로 가다가 고향에 들러 몰래 만날 수도 있었을 거다. 1806년, 루이즈는 젊은 나이에 혼자 살다가 가난하게 죽었다. 나폴레옹 보나파르트가 프랑스 황제로 등극한 해였다. 미슐레 같은 역사가들은 루이즈와 생쥐스트는 절대 재회한 적이 없으리라고 본다. 더 오래 살았더라도 마찬가지였을 것이다.

공안위원회의 공포정치

루이즈가 고향으로 돌아갔다는 소식에 한숨 놓는 생쥐스트 모습이 눈에 선하다. 더 중대하고 더 긴급하게 처리할 일들로 실망한 옛 애인을 달랠 여유가 없었을 테니까. 생쥐스트는 가장 대담한

---

75 콩시에르주리 Le palais de la Cite. 파리 중심가(제1구) 센강 한복판 라시테섬에 있는 라시테궁으로 과거 프랑스 왕실이 사용했다. 1370년부터 국사범을 수용하는 감옥이 아래층에 있었다. 위층에 법원이 있다. 혁명중에 사형수들이 대기하는 일종의 구치소였다. 마리 앙투아네트도 생쥐스트보다 1년 전 바로 이곳에서 대기했다.

사람도 질릴 정도로 어려운 대담한 대처가 필요한 시점에 국정을 맡았다. 1793년에서 그 이듬해로 넘어가는 끔찍한 겨울 동안 프랑스의 상황을 잘 생각해봐야 한다. 공포정치와 정치적 성과를 위해서는 무자비도 넘어설 더 큰 기적이 필요한 상황이었다.

모든 국경이 적에게 포위되었다. 프랑스 공화국은 오스트리아와 프로이센, 영국, 네덜란드, 에스파냐, 그리고 사르데냐와 전쟁을 벌였다. 세계의 모든 민족을 연합시킨 클레망소[76] 정부는 모든 민족이 연합한 로베스피에르보다 더 많이 적을 처형했다. 단, 클레망소는 조용히 운영했고 혁명기의 공안위원회는 선전효과를 노려 요란하게 처리했다. 전쟁부의 기록보관소가 일부 공개한 자료와 수치로 역사가들은 이 사실을 확인했다.[77]

생쥐스트와 동료들은 외부의 적만이 아니라 내부의 적과도 싸웠다. 내부의 적은 외적까지 끌어들였다. 왕정파와 지롱드 클럽은 무장하고 나섰다. 전국 3분의 2가량이 공개적으로 반란을 일으켰다. 리옹과 마르세유, 보르도, 캉, 님 등 대도시들이 앞장섰다. 툴롱과 지중해 함대는 영국에 투항했다. 브르타뉴와 방데 지방에서 사제와 귀족이 이끄는 무장 농민 세력이 공화파 주민들을 도륙하고 도시들을 차례로 점령하며 파리로 진격했다.

---

[76] 클레망소 Georges Clemanceau(1841~1929). 1차대전 당시 프랑스 승리의 주역. 국무회의 의장으로 전쟁에 전념토록 내각을 꾸렸다.

[77] 알베르 마티에,『테러리스트 로베스피에르 *Robespierre terroriste*』(라르네상스 뒤 리브르, 1921).

외국의 밀정들은 정부의 공공상점(거래소)들을 방화하고 화약고와 보급창고들을 폭파했으며 위폐까지 살포하여 민중의 울화를 부추겼다. 왕정파와 지롱드 회원들은 막대한 자금을 풀어 정부를 속이고 배신했다. 적에게 정보를 넘기고 폭도들에게 보급을 지원하며 국고를 약탈했다.

누구보다 의심스러운 인물은 공안 위원이던 당통의 친구 에로 드세셸이었다. 그는 적국의 밀정으로 의심받았다. 물증은 나오지 않았지만, 국정 극비사항을 오스트리아 황실에 넘겼다는 의심을 받았다. 동료들은 그가 있는 자리에서는 중요한 현안을 논의하지 않고 그에게 사임을 강요했다.

일선에서도 관리들과 장교들이 파렴치하게 배신을 일삼았다. 알사스 방어선이 흔들렸고 나라는 다시 침공 위기에 직면했다. 식량 부족도 날이 갈수록 심각했다. 정부 지지자 사이에서 가장 열심히 일하는 혁명 동지들조차 불만이 팽배했다.

이런 조건에서 어떻게 하면 살아남을 수 있을까. 깊은 고민 속에서 찾아낸 대안이 결국, 공포정치였냐며 비분강개하며 비난할 일은 아니다. 대부분 역사가는 프랑스대혁명의 공포정치가 다른 비슷한 공포정치에 비해 유난히 잔인했다고 보지 않았다. 원한을 풀려던 1871년의 파리 코뮌 민중혁명만큼 극렬하지 않았다. 단지 극적 효과가 컸을 뿐이다. 공포정치의 지지자들이 패배하자 희생자에게 유리한 방향으로 극화했다.

생쥐스트는 당장 공화국을 지키기 위해 무엇을 해야 할지 생각했다. 과거에 귀족이 이권을 지키려고 권위를 이용한 방법이 좋을 듯했다. 그러나 국가가 더는 한 사람의 독재를 용납하지는 않을 것이다. 그래서 자신이 속한 공안위원회에 제안했다. 의회에서 헌정을 잠정 중단하고 공안위원회에 전권 위임을 요청했다.

연설은 매우 명쾌하고도 대담했다. 생쥐스트는 자신만만한 인상을 주었고 그 순간부터 그는 로베스피에르의 수호천사에서 벗어났다. 이제 그는 더는 다른 사람을 뒤따르지 않고 스스로 지도자가 되었다. 최고 실권자가 되었다고 한 르바쇠르의 말은 옳다. 왜냐하면 그 후 제정된 오래 영향을 미쳤던 혁명적인 법은 그에게 빚졌기 때문이다.

로베스피에르도 도왔지만, 유명한 방토즈 법은 로베스피에르보다 생쥐스트의 과감한 흔적이 더 돋보인다. 그의 연설은 공공연하든 비밀리에든 공화국을 위협하는 모든 국내외 세력에게 하는 선전포고였다.

모반과 역모에 흔들리지 않는다면, 관용책으로 조국이 희생되지만 않는다면, 본래 정의와 평화의 규범만으로 온건하게 통치할 수 있다. 자유가 규범이어야 하지만, 민중과 적들 사이에는 검밖에 없다. 정의로 다스릴 수 없다면 철권으로 다스려야 한다. 공화국은 주권 의지로서 (주권자의 절대권력) 소수 왕정파를 제압해야 자리 잡을 수 있다. ……
어떻게 해야 공화국을 세울까. 공화국에 맞서는 모든 것을 무너뜨려야 한다. 배신자의 처벌만으로는 안 된다. 무관심한 자들도 처벌해야 한다. 수수방관하거나 공화국을 위해 아무것도 하지 않는다면 누구든 처벌해야 한다.

다음과 같은 발언에서 그의 성격이 더욱 두드러진다.

정부란 문서의 세계이다. 정부 통신문과 명령문이 넘친다는 것은 무기력하다는 표시다. 문서를 간소화하지 않는 한 통치할 수 없다.

그가 연단에서 창으로 찌르듯 단호한 연설을 하자 의원들은 진정한 지도자의 참모습을 발견했다. 미슐레는 이렇게 묘사했다.

고대 도시에서 압도적으로 출중한 인물은 이틀을 버티지 못했다. 아테네 사람들은 왕관을 씌워준 그날로 즉시 성 밖으로 추방했다!

그러나 혁명 공화국에서 정치가로서 생쥐스트의 재능은 너무나 절실했다. 의회는 생쥐스트의 요청을 전폭 수용했다. 11명의 위원과 함께 공안위원으로 선출된 생쥐스트는 프랑스의 지도자가 되었다! 전권을 거머쥐었다.

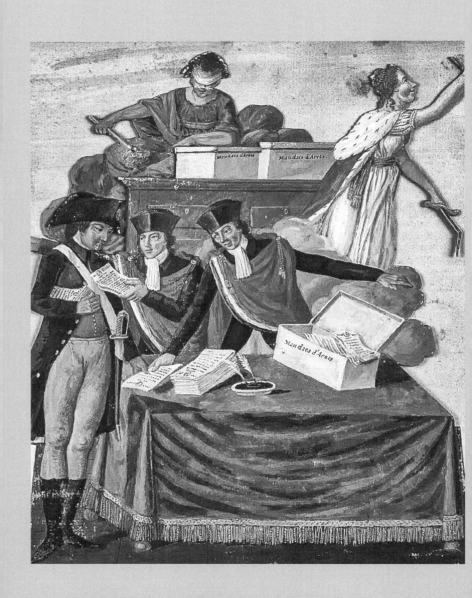

<치안위원>, 담채화, 장바티스트 르쥐르, 1793?, 카르나발레 박물관.

알사스의 위기

공안위원 1793. 5. 30.~12. 27.

비상부르와 로테르부르 요새들이 무너졌다. 마인츠는 항복했고 란다우는 포위되었다. 알사스 전선은 붕괴할 위기에 처했다. 적군은 스트라스부르 전방 몇 킬로미터까지 접근했다. 그러나 혁명군 병사들의 규율은 엉망이었고 보급은 한심했다. 징발할 인원도 더는 없었다. 군대는 모든 것이 부족했다.

군단장들과 장교 중에는 왕정파가 많았다. 번번이 야전 막사를 이탈해 스트라스부르 시내에서 거들먹거리며 활보했다. 여자들을 희롱하고 카페에서 술을 마시며 놀았다. 반면에 민병들은 신발도 없이 누더기 차림으로 살았다. 거의 굶어 죽었고 대거 탈영했다. 전사자보다 탈영병이 더 많았다. 병사 무리는 시골로 퍼져 약탈하거나 도시 광장에서 구걸했다. 병들고 다쳐도 치료받지 못해 죽어 나갔다. 프랑스군은 와해하기 직전이었다.

민간의 사정도 다르지 않았다. 프랑스어를 알아듣는 알사스

〈유행 따라 멋을 낸 프랑스 여자들〉, 판화, 뒤아멜, 1780?. 네덜란드 국립박물관.

사람은 만 명에 하나 정도였다. 오스트리아의 부름저[78] 장군이 알사스 주민들에게 프로이센 사람으로 돌아오라고 달래며 권했을 때 반응은 기대 이상이었다. 프랑스 병력이 아그노[79]에서 철수하자 여인들은 화려하게 차려입고 오스트리아와 프로이센 사람들을 반겼다. 잠복 중이던 프랑스 기병대원들이 그 모습에 분개해 그들을 무자비하게 도륙했다. 그렇게 외출은 마지막 나들이가 되었다. 프랑스 사람들이 모두 마셔버렸다던 포도주와 맥주가 프로이센 사람들이 나타나자 술 창고에서 기적처럼 쏟아져나왔다.

알사스에서 (혁명정부에서 발행한) 아시냐 화폐 가치는 4분의 3이나 폭락했다. 물가는 폭등했고 가난한 사람들은 굶주렸다. 절망한 민중은 한숨만 쉬며 차라리 왕정이 되살아나기를 바랐다. 반면에 여전히 공화주의를 신봉하는 한 줌의 사람들은 왕정파가 승리하면 학살의 공포로 떨었다. 급습받으면 자결하려고 이들은 베개 밑에 권총을 숨겨두고 잠을 청했다.

스트라스부르 자코뱅 지부는 무기력했다. 주민은 둘로 쪼개졌다. 모네 시장이 이끄는 프랑스파와 슈나이더가 이끄는 프로이센파였다. 검사 슈나이더는 알사스 자치파로 의심받았다. 서로 대항했던 주민들은 섞여 살면서 별수 없이 중립을 지켰다. 그때까지 연병장 광장에 세운 단두대를 겁내는 사람은 없었다. 왕정

---

78 부름저 Dagobert Sigmund(1724~1797). 스트라스부르 출신의 오스트리아 장군. 야전군 사령관으로 1796년 이탈리아에서 나폴레옹 원정군에 번번이 패했다.
79 아그노 Haguenau. 알사스 지방 도시로 스트라스부르 부근.

파는 공화파가 감히 단두대는 사용하지 못하리라고 생각했다. 높이 장전된 칼날은 서슬 퍼렇게 번뜩였지만, 강철판에 얼룩 하나 없었다. 초롱불 밝힌 저녁에는 철부지들이 단두대에 앉아서 구멍에 발을 집어넣고 놀았다.

군사 전술을 바꾼 생쥐스트

이런 스트라스부르 상황을 장악하기 위해 공안위원회는 당통의 친구 에로 드세셸을 파견했다. 잔뜩 겉멋 든 에로는 오스트리아 장군의 누이와 노닥거리느라 바빴다. 공무에 전념해도 모자랄 판에 추문만 무성했다. 그 뒤로도 대여섯 명이 같은 임무로 부임했고 주민 4분의 1을 "처형하겠다"라고 위협했다. 그러나 전체적인 적대감 앞에서 말을 아꼈다.

오스트리아와 프로이센 장군들은 합심만 했다면 분명 쉽게 알사스를 점령하고 즉시 파리로 들어갈 수 있었다. 유리한 조건에서도 양측은 서로 믿지 못해 적극적인 공세를 펼 수 없었다. 진격을 못해 안달했던 이들은 망명한 프랑스인들뿐이었지만, 그들은 가는 곳마다 만행을 저질러 오스트리아 사람들조차 경악했다.

당시 알사스의 상황이었다. 로베스피에르는 "알사스가 매국노에게 넘어갔어!"라고 했고, 쿠통은 "알사스 사람들은 적의 품에 안길 날만 고대하고 있다"라며 탄식했다. 누가 이런 절망적인 정세를 감당할 수 있을까?

공안위원회는 가장 젊은 위원 한 사람에게 기대했다. 단호한 생쥐스트에게 거의 전권을 주고 특임위원으로 파견했다. 막강한 권력을 쥔 생쥐스트는 최고위층부터 말단에 이르는 모든 공직자와 군인, 민간인을 해임하고 임명하며 투옥할 수 있었다. 필요하다면 법을 잠시 보류하거나 명령을 공표하고, 세금을 걷거나 징발할 수도 있었다. 절대군주나 다름없었다.

그런데 생쥐스트가 행사하는 권력은 현장에 있던 관리나 특임위원에게도 이미 있었다. 실권을 쥔 공안위원회가 그의 위신을 좀 더 세워 주었을 뿐이다. 생쥐스트는 전임자들과 전혀 다른 방식으로 처신했다는 면에서 차이가 있었다.

대다수 혁명 정부의 관리는 나쁜 평판과 잔인한 인간의 상징처럼 남았다. 편파적 과장에 동의하든 아니든, 책임질 몫이 얼마나 되든 그들은 무시무시한 기억을 남겼다. 흥미롭게도 그들 대부분 절대권력을 누리기 전까지 야만성의 기미조차 보인 적이 없었다. 몇몇은 공정하고 인자한 사람으로 명망이 높았다. 어떻게 그렇게 돌변했는지 설명할 방법은 하나밖에 없지 않을까?

인간은 본성만이 아니라 본성에 영향을 미치는 상황에 따라서도 다르게 행동한다. 초석(질산칼륨)은 자체로는 해롭지 않지만, 다른 물질과 섞이면 폭발한다. 좁은 틀에 갇혀 있어도 불평 없이 참아넘기던 사람이 분에 넘치는 자리에 오르면 터무니없는 허세를 부린다. 온화한 시민이 네로 황제처럼 황당하게 굴기도 한다.

생쥐스트와 로베스피에르는 혁명정부 법령과 훈령을 무시하고 제멋대로 권력을 행사한 인물들을 비판했다. 혁명 때는 혁명에 동조하는 인재가 부족해 서툴고 미숙한 사람이라도 특별한 권력을 휘두를 수밖에 없다. 매우 위험한 일이었다. 그들은 권력을 벼락부자가 돈 쓰듯 했다. 어리석고 무절제했으며 괴상망측하게 과시욕을 부렸다. 반면에 금으로 비유할 수 있는 천재적 인물은 무한 권력을 분별 있고 적절하게 사용하는 방법을 안다. 생쥐스트는 탁월한 사람이었다.

역사가 올라르는 알사스에서 보여준 생쥐스트의 행동을 이탈리아에서 보여준 보나파르트와 비슷하다고 보았다. 그러나 모든 점에서 생쥐스트가 처한 상황은 훨씬 복잡하고 위험했다. 게다가 생쥐스트와 비슷한 나이에 보나파르트가 그만큼 임무를 수행했다고 보기도 어렵다. 대혁명의 주역들을 가장 적대하는 역사가들조차 전방에서 수행했던 생쥐스트의 업적에 감탄했다. 레스퀴르는 진정한 찬사를 아끼지 않았다.

생쥐스트는 대혁명의 가장 높고 완벽한 상징이다. 병사들은 존경하기도 두려워하기도 했고 동료들은 미워하며 알사스는 그를 영원히 기억할 것이다. 결국, 혈전 끝에 얻은 영광으로 아름다운 알사스와 프랑스를 통일하였다. 그는 정직하고 청렴하며 단정했다. 돈과 사랑의 유혹에 빠졌다면 불가능했을 것이다. 생쥐스트는 관리와 군인으로 일했던 지방에서 가난하고 깨끗하게 돌아왔다.

생쥐스트는 친구 르바에게 함께 일하자고 부탁했다. 르바는 뛰어난 편은 아니었지만, 충분히 해낼 만했다. 르바는 자기 한계를 알았고 누구라도 인정할 수밖에 없는 생쥐스트의 능력을 잘 알았다. 로베스피에르는 르바가 따라나서자 매우 흐뭇해했다. 르바가 지나치게 엄격한 생쥐스트를 조금 견제해주기를 바랐다. 두 친구는 바로 전선으로 향했다. 생쥐스트는 군에서 특임위원의 역할을 몹시 중요하게 여겼다.

특임위원들은 병사들의 동지이자 아버지와 같은 존재이다. 군사훈련을 참관하고 병사들이 위원들의 공정심을 믿을 수 있도록 장군들과 거리를 두어야 한다. 병사들 곁에서 항상 그들의 목소리를 경청해야 한다. 특임위원들은 혼자 식사해야 한다. 검소하고 자신이 공안위원이라는 사실을 명심하며 일시적 어려움보다 왕정의 몰락이 훨씬 낫다는 것을 기억해야 한다.

전선으로 떠나기 전 생쥐스트는 하사관들에게 자신이 너무 어려 보일까 걱정하지 않았을까? 그는 조금이라도 나이 들어 보이려고 콧수염까지 길렀다. 르바도 친구 따라 수염을 길렀다.

전장으로 가는 길은 멀고 험했다. 혁명이 시작되면서 도로 관리를 제대로 못 해 형편없었다. 마차 바퀴가 진창에 빠져 말들은 거칠게 헐떡이며 빠져나오려고 고생했다. 마부는 채찍을 휘두르며 몰아붙였다. 왕정파를 전쟁 포로 취급한 생쥐스트는 도

〈필립 르바〉, 판화, 작자미상, 18세기말, 프랑스 국립도서관.

로 보수 공사에 그들을 동원하려고 했다. 하지만 그의 제안에 반응은 싸늘했다. 엉뚱한 제안으로 받아들였다. 왕정파를 단두대로 보낸다면 이상하지 않았지만, 공사에 투입한다니 생각조차 할 수 없었다. 귀족에게 막노동시킨다! 위원회에서조차 가당치 않다며 불쾌해했다. 훗날 '사디즘'이라고 혹평받기도 했다.[80]

생쥐스트는 반대하는 위원들에게 공화주의자 맞느냐고 격하게 반박했다. 당시 지방 귀족들은 혁명 전과 다름없이 처신했다. 특권에 찌든 그들은 끈질기게 울어대는 개구리 소리를 죽여 보겠다고 자기 농부들에게 방망이로 물을 두드리게 시키기도 했다.

군사작전에서 행정가와 통치자로서 능력을 두루 발휘하는 사람은 드물다. 나폴레옹은 군사교육을 받고 성장했지만, 뛰어난 통치자였다. 생쥐스트는 공직자가 될 공부를 했지만, 위대한 군인이었다. 그가 세운 군사작전은 나폴레옹과 묘하게 흡사했다. 생쥐스트는 의회와 오슈[81] 장군에게 편지를 보냈다. 낡아빠진 전술은 혁명군에 쓸모없다고 주장했다.

왕정 시대에 군사교육을 받은 장군들은 지역 점령을 가장 중시했다. 생쥐스트는 오래 걸리고 복잡한 구식 작전을 집어치우자고 했다. 유연한 기동력을 갖춘 프랑스 혁명군으로 전광석화처럼 기습을 감행해 적을 치자고 주장했다. 병사들은 오랫동안 작전에

---

80 생트뵈브 Charles Augustin Sainte-Beuve(1804~1869). 19세기 프랑스 비평가.

81 오슈 Louis Lazare Hoche(1768~1797). 프랑스 혁명군 장군. 동북부 전선과 알사스에서 중요한 승전을 거두었다. 그러나 결핵으로 29살에 갑자기 사망했다.

나서지 않으면 해이해지고 사기가 떨어진다고 보았다. 이런 새로운 전술로 생쥐스트는 전투에서 멋지게 승리했다.

혁명군의 개혁

생쥐스트와 르바가 샤벤느 군사령부에 도착했을 때 무시무시한 포성이 울렸다. 시내는 부대와 수송대로 넘쳤다. 알사스 출신 오스트리아 장군 부름저는 프랑스군 통신을 방해하고 교란했다.

지엄한 표정과 확신에 찬 생쥐스트의 용감한 모습은 인상적이었다. 전방에 파견된 특임위원들처럼 그는 삼색 깃털 모자와 금속 단추로 여민 청색 제복 차림에 삼색 띠를 두르고 기사용 장검을 찼다. 생쥐스트는 도착 즉시 신속하고 엄중한 임무를 수행하리라고 공언했다. 장병들 각자 임무를 소홀히 하거나 배신한다면 응당한 대가를 치를 것이라고 엄포를 놓았다.

우연히 사령부에 와있던 스트라스부르 시장 모네는 즉시 스트라스부르의 자코뱅 클럽으로 달려가 특임위원들이 파리에서 도착했다고 알렸다. 모든 시 공무원은 자코뱅 회원이었으므로 전령을 보내 그들을 클럽으로 초대했다. 곧 불길한 대답이 돌아왔다. "우리는 관리들과 친분을 쌓기 위해서 오지 않았습니다. 판단하기 위해 왔습니다."

몇 시간 뒤 시내 곳곳에 선언문이 나붙었다.

우리는 적을 격퇴하러 왔다. 국민의 대의를 거스르거나 무관심한 자들은 엄벌한다. 용사 여러분, 우리는 여러분을 위해 복수하고 승리로 이끌 지휘자들을 찾아줄 것이다. 포상과 진급과 처벌을 약속한다. 용감한 라인군 용사 여러분, 이제는 자유로움으로 행복해지고 승리하게 될 것이다. 모든 군관과 행정관에게 사흘 안에 병사 여러분의 정당한 불만을 해결하도록 명했다. 우리가 직접 고충과 애로사항을 들을 것이고 군대에서 아직 본 적 없던 엄벌로 본보기를 보여주겠다.

말이 아닌 행동으로 분명히 보이겠다는 발표에 모두 긴장했다. 과연 생쥐스트는 약속을 지켰을까? 이튿날 답을 가져왔다.

동틀 무렵이었다. 짙은 안개가 시 외곽을 덮었다. 기습하기에 좋은 조건이었다. 제8 기병대장 베릴은 오스트리아군에 군사정보를 넘겼다. 대원들에게 말 안장을 내리게 했다. 베릴은 불안하게 안개 속을 들여다보았다. 갑자기 오스트리아 기병들이 안개 사이에서 튀어나와 총을 장전했다. 그들 뒤에는 보병 중대가 2열 횡대로 늘어서 있었다.

놀란 기병들은 황급히 도망쳤다. 젊은 신병들, 훈련받지 않은 의용대원들은 사방으로 흩어졌고 스트라스부르 성문으로 들어가려고 애를 썼다. 하지만 적에게 변변한 저항도 못 해보고 꼼짝없이 난자당했다. 보루 위에 포대를 지키는 병사도 없었다. 말해주는 포병도 없었다. 성문이 열리자 도주한 병사들이 들어갔고 잠깐이면 그들을 쫓던 적이 스트라스부르를 장악할 위기였다. 다행히 성문은 제때 닫혔다. 조금 떨어진 레흐슈테트 숲에서 프로이센 장군 호헨로에[82]는 총공격을 시도했다. 다시 한번, 프랑스군은 후퇴했다. 다행히 드제[83] 장군이 전열을 가다듬고 적을 밀어냈다. 전투에서 공화군은 대포 14문과 작은 곡사포 2문을 잃었다. 접전에 대해 생쥐스트는 이렇게 보고했다.

지휘관들을 숙청해 군기를 바로잡을 것이다. 병사들은 상관없다. 비상부르에서도 그렇게 했다면 적이 전선을 돌파하지 못했을 것이다.

군사위원회의 활약은 즉시 통했다. 어물쩍대는 기색을 보이자 생쥐스트는 관리들을 소집해 의무를 다하라고 촉구했다. 베릴을 체포했다. 국왕과 하느님께 충성을 맹세한 편지가 발견되었다. 그는 충성을 다한 대가를 평생 치렀다. 공격전에서 도주했던 아이젠베르 장군을 총살형에 처했다. 이장베르 장군도 대포 한 방 쏘지 않고 요새를 내주었다는 죄목으로, 수비대장 토치아 장

---

82 호헨로에 Friedrich Lüdwig Furst zu Hohenlohe-Ingelfingen(1746~1818). 프로이센의 라인군 사령관으로서 숱한 무공을 세웠다.(1794) 특히 카이저슬라우테른의 승전을 지휘했다.

83 드제 Louis Charles Antoine Desaix(1768~1800). 프랑스 혁명군의 명장이다. 특히 보병 지휘관으로서 라인군이 마인츠에서 싸울 때(1794) 또 나폴레옹의 이탈리아와 이집트 원정에서 무공을 세웠다. 별명은 '정의의 술탄'. 파리 시청사의 외벽에 그를 기리는 입상이 있다.

군과 그의 부관을 비롯해 여럿도 같은 죄목으로 처형했다. 생쥐스트의 명을 누가 감히 거역하랴! 그가 명령하면 병사들은 자기네 장군들을 갈기갈기 찢어버릴 기세였다.

그는 항상 수첩을 들고 돌아다니다가 가끔 뭔가를 쓰려고 발길을 멈췄다. 그 모습에 장군들은 질겁했다. 그가 쓴 글이 무엇인지 어깨 너머로 읽어보자.

단 한 번 비난 받지 않고 떳떳하게 살았다면 60세에 흰 목도리를 두를 것이다. 그런 자들이 회갑연을 벌일 때 동포들의 빈축을 사지 않는다면 왕정파라고 내세워도 좋다. 나무랄 데 없이 자란 아이들은 자기 집 문에 부모의 초상을 내걸어도 좋다.

유토피아를 쓰는 생쥐스트! 유토피아에서는 사형수를 쏠 때 여럿이 총을 쏘게 한다. 누구의 총탄에 죽었는지 알 수 없다. 죽은 사람도 희생자를 애도할 뿐 죄책감을 느끼지 않는다.

단두대의 수호천사

얼마 뒤 생쥐스트는 스트라스부르에 돌아와 민간인을 심리하고 재판하는 임무에 나섰다. 생쥐스트를 영웅처럼 좋아했던 역사가 미슐레와 E. 아멜은 생쥐스트가 특임위원으로 있을 때 민간인은 단 한 명도 처형하지 않았다고 했다. 사실이 아니다. 단두대는 생

〈피슈그뤼 장군의 초상〉, 판화, 찰스 호지스, 1795, 암스테르담 국립박물관.

쥐스트가 스트라스부르에 도착한 후에야 작동했다. 검사 슈나이
더는 이런 글을 남겼다.

> 이전에는 단두대를 작동시키지 않았다. 사형(은어로 '축제')은 파리에
> 서 대단한 수호천사가 내려온 뒤부터 시작되었다." 슈나이더나 생쥐
> 스트의 전임자들도 단두대를 사용할 생각은 있었다. 예를 들면 라코
> 스트[84]는 단두대를 대대적으로 이용할 생각이었지만, 실행에 옮기지
> 못했다. 대중의 반발과 자신의 신변을 염려했기 때문이다.

생쥐스트가 재임 중에 명령한 처형자 명단이 있다. 총 93명
이다. 엄혹한 시기에 누가 이 정도 희생만으로 질서를 잡을 수 있
었을까? 나폴레옹이라면 가능할 수도 있지 않았을까? 그는 리스
본에서 휘하 장군들을 향해 시큰둥하게 말하지 않았던가. "가장
중요한 인사들 72명만 잡아! 아니면 나를 총살하든가!" 무고한
사람들이 왜 없었을까? 하나하나 조사했다면 죽음을 면할 수도
있었겠지만, 대신 같은 수의 다른 고위인사들이 단두대에 올랐을
것이다. 테르미도르의 반동 이후 국민공회에 관한 보고서들은,
생쥐스트가 93명이 아니라 6천 명을 처형했다고 과장했다.
　혁명 정권에 대한 반감이 극심할 때라 유죄판결을 받기가 극
도로 어려웠다. 스트라스부르 주민들은 명백하게 친독일적이었

84　라코스트 Elie Lacoste(1745~1806). 의사 출신 혁명가.

다. 판사들은 판결 여파로 자신과 가족에게 무슨 불행이라도 닥칠까 몸을 사렸다. 스트라스부르 점령이 임박한 것 같았다.

생쥐스트는 돌아오자마자 위원장 튀팽을 소환했다. "목이 몇 개나 될까요?" 그는 사형 선고는 없다고 우물우물 말했기 때문에 생쥐스트는 말을 중단시켰다. "여러분들이 하기 싫다면 선고의 주도권은 내가 갖겠소!" 그러나 생쥐스트가 설득해 실행한 결과는 바라던 대로 되지 않았다. 지자체 당국은 불쌍하고 힘없고 양심 불량에 불과한 죄인들만 잡았다. 역모를 꾸민 막강한 인물들은 건드리지도 않았다. 나중에 생쥐스트는 검사 슈나이더라는 거물을 잡아 복수해야 했다. 당시 스트라스부르에 살았던 문인 노디에[85]가 묘사한 생쥐스트의 모습이다.

> 그는 짧고 단호한 몇 마디씩을 비서에게 받아적도록 했다. 작성한 명령문은 부속실에서 독일어로 번역해 인쇄소로 보냈다.

명령하는 것과 그것을 집행하는 것은 완전히 별개의 일이다. 특히 책임을 맡은 사람들이 적대적이고 악의로 가득 차 있을 때 더욱 그렇다. 생쥐스트가 성공했다는 사실은 그의 뛰어난 통치 능력을 보여주는 명백한 증거이다.

---

85 노디에 Jean-Charles-Emmanuel Nodier(1780~1844). 소설가. 낭만주의 문학 선구자. 소설 외에도 역사, 기행문, 에세이 등 방대한 글을 남겼다.

스트라스부르 당국자 여러분,

만 명의 병사들이 맨발로 있습니다. 오늘 스트라스부르에 있는 모든 귀족을 물리쳐야 하며, 내일 오전 10시까지 만 켤레의 신발을 사령부에 제출해야 합니다.

옷가지와 모자, 셔츠도 같은 식으로 징발했다. 스트라스부르에 병원이 부족했다. 부상자들을 부자들 집에 입원시키고 병상 2천 개를 들여놓았다. 상인들은 물건을 비싸게 팔면 그들의 집을 파괴할 것이라는 경고받았다. 부유한 부르주아 시민들은 9백만 프랑을 정부에 강제 차관 형식으로 내놓았고 그중 2백만 프랑은 빈민들에게 분배했다.

하루 안에 기부금을 내지 않는 자는 단두대 광장에 세운다고 했다. 4만 프랑의 분담금을 부과받은 여관 주인은 생쥐스트를 찾아가 집은 그가 직접 써달라고 하면서 열쇠를 내놓으며 채권자에게 빚을 갚는 것을 잊지 말라고 부탁했다.

여자들과 아이들에 대해서도 명령이 떨어졌다. '프랑스 사람으로 태어났으므로' 여자들은 게르만 양식을 버리고 프랑스 풍습에 따라 옷을 입도록 권장했다. 아이들을 위해 프랑스어를 가르치는 자유 학교를 설립하라고 명령했다. 그러나 독일어와 프랑스어 모두 능통한 교사들이 부족해 이 법령을 실행하기 어려웠다. 생쥐스트는 스트라스부르에 부임한 지 3주 만에 첫 보고를 했다.

병사들은 복장과 식사를 해결하여 전력을 보강했다. 귀족은 조용하다. 금과 화폐 가치는 액면가격이다.

생쥐스트가 내린 군사 명령은 강력했다. 기성 부대에 보충할 청년 후임병들은 노련한 기간병들의 도움을 받도록 했다. 제도의 성과가 눈부셔서 다른 군단도 모두 도입했다. 훗날 제1차 세계대전에서 포슈[86] 장군은 훈련도 못 받고 들어온 미국 병사들에게 이 방법을 적용하려고 했다. 그러나 미국군 사령관이 반대했고 죽지 않아도 될 많은 병사가 목숨을 잃었다.

생쥐스트는 라인군의 지휘를 피슈그뤼[87] 장군에게 맡겼다. 나폴레옹이 혁명군 가운데 최고의 명장으로 꼽은 인물이다. 기습당하지 않도록 생쥐스트는 모든 장병에게 언제든 싸울 수 있도록 막사에서 옷을 입은 채 취침하도록 했다. 어떤 계급이든 총사령관 허가증이 없으면 외출을 불허했다. 병사들의 건강과 복지를 보살폈지만, 규율 위반과 무능, 안일함에는 매우 엄격했다.

훈련을 좋아해야 이길 수 있다!

---

86 포슈 Ferdinand Foch(1851~1929). 프랑스 육군 장군. 세계대전의 영웅으로 1918년 서부전선에 연합군 총사령관으로 참여하였다.
87 피슈그뤼 Jean-Charles Pichegru(1761~1804). 프랑스 혁명군 장군. 훗날 나폴레옹 정권을 제거 음모에 가담했다가 체포되어 수감 중이던 독방에서 죽은 채 발견되었다. 생쥐스트와 손발을 맞추며 혁명군의 연승을 이끈 명장이다.

중요한 시기에 사생활 문제로 휴가를 신청했던 장교는 강등되고 전쟁이 끝날 때까지 수감생활을 했다. 병사에게 술 심부름을 시키고 술주정한 중대장은 사병으로 강등되었다. 적이 기습하는 동안 극장에 갔던 장군의 부관도 막사에서 초병 노릇을 했다. 조치가 가혹하다 싶으면 르바가 재고를 권했다.

전투 중 어떤 기병대원이 자기 말이 죽자 원대복귀를 청원했지만, 생쥐스트는 다른 말을 구해 전투에 임하도록 명했다. 대원은 반발해 명령서를 찢어버리며 무시했다. 생쥐스트는 명령 불복종으로 그 대원을 총살하려 했지만, 르바가 간신히 진정시켰다. 반면 전투에서 공을 세웠을 때는 깜짝 놀랄 만한 포상을 했다. 의용대원이 소수의 병력으로 적의 최전선을 교란했을 때 직접 불러 공식훈령을 내렸다. 전투중대장 임명장이었다.

동료 공안위원들은 생쥐스트의 방식을 제대로 따르지 않았다. 생쥐스트는 그들에게 편지를 보내 무기와 보급품, 보충병을 요구했고 보름 안에 란다우까지 가야 한다고 끈질기게 설득했다. 어느 날, 전령이 프로이센 장군의 서한을 전했다. 생쥐스트는 뜯어보지도 않고 돌려보냈다.

프랑스 공화국은 적과 어떤 것도 주고받지 않는다. 총탄만 예외이다!

음모의 지뢰밭 스트라스부르

스트라스부르는 음모로 뒤덮인 지뢰밭이었다. 왕정파와 공화파 모두 상대방을 기만하려고 수시로 모의했다. 자코뱅 회원들 가운데 프로이센파와 프랑스파도 다르지 않았다. 의심과 모함, 배신으로 분위기는 험악했다.

어느 날, 붙잡힌 밀정이 생틸레르 후작의 편지를 지니고 있었다. 후작은 망명자들 가운데 고위 인사였고 수신자는 확인되지 않았다. 편지에는 스트라스부르를 점령해 오스트리아로 넘기려는 방대한 음모설이 들어있었다. 지금도 편지의 진위는 풀리지 않았다. 테르미도르의 반동 이후, 그리스라는 사람이 편지의 작성자로 4년의 중형을 선고받았지만, 몇몇 증인들이 보석 대상이 되었기 때문에 유죄 판결은 가능성은 작다. 하지만 상당히 결정적인 수상한 문서가 나타났다. 내용이 매우 상세했고 심지어 쓸데없는 경우에도 자세했다.

알사스의 역사가 뮐렌베르크[88]는 생쥐스트가 직접 편지를 작성하지 않았더라도 최소한 교사했을 거라고 주장했지만, 그다지 믿음직스럽지 않다. 생쥐스트는 정책을 결정하면 결코 편법에 의존하지 않았다. 편지의 진실성에 의문을 제기해야 한다면 스트라스부르 시장이자 프랑스파 수장 모네에게 책임을 물어야 할 것

---

88 뮐렌베르크Eugene Muhlenbeck(1829~1911). 의사 출신 알사스 향토사가.

같다. 편지는 의심할 여지 없이 정확한 정보를 포함하고 있었다. 뮐렌베르크도 인정했듯이 여건상 스트라스부르에서 반란 시도가 없었다면 오히려 놀라운 일이었다.

11월 2일 저녁 늦게 스트라스부르 혁명감찰위원회가 열렸다. 위원들은 적에게 도시를 넘기려는 사람이 자기들 중에 있다는 사실을 믿기 어려워했다. 기껏해야 한잔 걸치다가 부주의하게 말실수나 했을 거라며 곤혹스러워했다. 생쥐스트는 살기등등한 기운으로 그들을 당황하게 했다.

갑자기 문이 열렸다. 총소리가 들렸고 지역 부대장이 헌병대원들을 이끌고 들어왔다. 위원장에게 편지를 내밀었다. 모두를 놀라움에 빠뜨린 가운데 편지를 뜯어본 위원장은 파랗게 질렸다. 그가 떨리는 손으로 쥔 편지는 스트라스부르 시장과 검사만 제외하고 모든 시 공무원을 체포하라는 영장이었다. 시 관할구역의 행정관은 모두 40명이었고 몇 사람은 그 자리에 있었다. 대중에게 인기 있던 검사 슈나이더는 제외되었다. 성 밖에 진을 치고 있는 적을 감안해 생쥐스트는 그를 직접 공격하지는 않으려 했다. 위원장이 내키지 않는 목소리로 영장을 동료들에게 전하자 모두 한목소리로 항의했다. 그들은 공화파의 혁명 동지였고 애국자이자 명예로운 사람들이었다.

부대장은 즉시 영장을 집행하라는 명을 받았다고 답했다. 모두 기다려달라고 간청했다. 날이 밝으면 생쥐스트에게 대표단을 보내 결정을 재고해달라고 호소해 보겠다고 했다. 그러나 부대장

<1793년의 혁명감찰위원회>, A.E. 프라고나르, 프랑스 국립도서관.

은 요청을 거부했다. 명령은 명령이었고 체포된 사람들은 오전 8시부터 전국 교도서로 인도되어야 한다고 덧붙였다.

그날 밤, 횃불을 든 무리가 집집마다 수색하며 돌아다녔고 거리에서는 화승총 개머리판 부딪치는 소리가 울렸다. "법을 따르라!"라는 외침이 구석구석 메아리쳤다. 혐의자들은 아침 8시 전에 수용되었다. 체포되지 않은 위원들은 모네와 슈나이더를 찾아가 함께 생쥐스트에게 대응하기로 했다. 모네가 정말 생틸레르 후작에게 편지를 썼다면 그런 신망을 받지 못했을 것이다.

모네는 매우 활동적인 25살의 사부아 출신 변호사였다. 그는 성당에서 몰수한 성물들을 빼돌려 스위스에서 밀수한다는 혐의를 받았다. 의회가 신뢰하는 인물도 아닌 그를 생쥐스트가 좋아할 리는 없다. 그러나 알사스에서는 상황이 복잡하고 언어와 민족까지 둘로 얽힌 탓에 하수인으로 활용할 수밖에 없었다.

공포정치로 군주제와 귀족은 퇴치하겠지만, 부패는 어떻게 벗어날까?

사실, 정부는 의회에서 부패를 몰아낸 날부터 곤경에 빠졌다. 또 다른 대표인 슈나이더는 혁명으로 나타난 흥미로운 인물이었다. 역사가들도 그에 대해 다루었다. 그는 36살이었다. 프로이센 농가에서 태어나 프란치스코 수도회 부속 사제 신분으로 그리스어와 문학을 가르쳤다. 의원에 도전했다가 낙선하고 검사가 되었고 주간지도 발행했다. 슈나이더의 강의실에서 그리스어를 배운 노디에는 그의 인상을 이렇게 전한다.

땅딸보에 어깨가 떡 벌어지고 사지는 완력이 강해 보였다. 굵고 검붉은 눈썹에 작게 째진 눈초리가 매섭고 얼굴에 누런 곰보딱지가 덕지덕지 끼었다. 그는 평소에 붉은 베레모를 쓰고 다녔다. 옷차림에 무심한 듯 촌스러웠고 그의 신도들이 붙여준 '알사스의 마라'라는 별명을 자랑하고 다녔다.

슈나이더와 모네는 즉시 사령부로 갔다. 생쥐스트는 침대에서 그들을 맞았다. 예수회 회원들이 '웅변가'라고 칭찬하는 슈나이더가 먼저 입을 열었다. 뮐렌베르크는 이렇게 묘사했다.

첫 대면부터 두 사람 모두 반감을 품었다. 슈나이더는 젊고 우아한 미남에 정중한 상대방이 공화국에서 가장 출중한 인물이라는 점을 질시했다. 자신은 재능이 뛰어나지만, 하위직에서 입에 풀칠이나 하며 사는 팔자라며 억울해했다. 곰보딱지에 옷차림도 수도사처럼 아무렇게나 걸친 슈나이더는 마치 너구리굴이나 드나드는 우둔한 맹신자 꼴이었다. 어느 살롱에서나 반겨주는 생쥐스트, 쌀쌀맞고 냉정하며 언행이 깐깐하고 세련된 생쥐스트와 비교되었다. 반면에 생쥐스트는 더러운 말투로 비꼬기나 하면서 해괴한 연설을 늘어놓는 수도사를 끔찍한 인간을 본다는 듯 역겨워했을 만하다.

슈나이더가 말을 끝내자 생쥐스트는 모네를 묵묵히 쳐다보았다. 모네는 어설프게 변명을 늘어놓았다. 잠시 두 사람을 바라보던 생쥐스트가 마침내 입을 뗐다. "몇 사람에게야 타당한 말씀이나 지금 너무 위중한 상황이라 어떻게 해야 할지 모르겠습니다. 먼지 더미 속에서 바늘을 찾는 장님 꼴입니다."

생쥐스트는 명단을 꼼꼼히 들여다보고서 그중 12명의 석방 명령에 서명했다. 한편, 연행된 사람들에게 작별을 고하려고 가족과 친지가 달려왔다. 울음바다였다. 그때 모네가 나타나 일부 다행스러운 소식을 전하자 사람들은 서면으로 생쥐스트에게 탄원서를 보냈지만, 부대장은 "장군, 8시입니다!"라는 짧은 답장만 받았다.

바로 그날, 독일어를 쓰는 주민들의 주도로 자코뱅 클럽이 모였다. "폭군 생쥐스트의 수염을 불살라 버리자"라며 흥분했지만, 온건책으로 대응하기로 했고 생쥐스트에게 편지를 보내 연행된 시 공무원을 석방하라고 정중히 청했다. 대답은 가차 없었다.

생쥐스트는 도시에 도착할 때 르바와 함께 파악한 현황을 상기시켰다. 시 당국에서 그동안 무엇을 했는지 물었다. "행정 능력이 뛰어나다고 하셨지요. 혁명 역량에 대해서는 한마디 없었고 민중과 자유에 대한 애정과 헌신에 대해서도 들은 바 없습니다. 우리는 혁명동지 여러분의 덕을 보았습니다. 하지만 여러분이 과오로 난처해졌습니다. 우리는 조국에 헌신할 의무가 있습니다. 위험을 무릅쓰고 명령을 고수합니다." 그러나 생쥐스트는 수감자들이 가능한 한 많은 배려를 받을 수 있도록 특별 명령을 내렸다.

〈스트라스부르 대성당〉, 동판화, 1870, 라이프치히 신문.

파리에 기독교 신앙을 타파하고 혁명의 정신을 보급하는 별도의 집단이 있었다. 미라보가 파견을 주도했고 이들은 현지 선전대와 협력하에 활동했다. 1973년 당시 스트라스부르 노트르담 대성당의 석상 235점이 파괴되었다. 성가대석을 비롯한 목제 가구들은 불에 탔다. 공화주의의 상징 프리기아 모자를 쓴 자유의 우상을 대신 세우기도 했다. - 루이 레오 「방달리즘의 역사」(로베르 라퐁, 1994).

혁명 과격파의 준동

과격파는 생쥐스트의 또 다른 고민거리였다. 오랫동안 과격파에 시달린 알사스 혁명가들은 불타는 복수심으로 간신히 버티고 있었다. 과격파는 자칭 '프로파간다'(선전대, 홍위병 비슷하다)라면서 지역 자코뱅 회원들에게 힘깨나 쓰는 건달들을 보내달라고 호소했다. 이들을 선전대에 가입시켜 모든 비용과 일당을 주고 주변 지역으로 보냈다.

대원들은 붉은 모자와 망토, 장검을 찬 모습으로 전투병 행세를 했다. 이들은 공화국에 보탬은커녕 고딕 대성당에 매우 위협적인 존재가 되었다. 스트라스부르 대성당의 탑은 가까스로 그들의 광기를 면했지만, 생쥐스트가 저지하기 전에 석상들은 머리가 잘려 나갔다.

생쥐스트는 뾰족한 수가 없어 선전대를 용인했다. 그들은 광적인 분노를 일으켰다. 테트렐 때문에 생쥐스트는 눈에 핏발이 설 정도였다. 그는 '귀족의 테러리스트'이자 '민중의 벗', '선전대의 선동가 데모스테네스[89]'였다. 노디에는 좌충우돌하는 테트렐의 행동을 이렇게 전한다.

---

89   데모스테네스 Démosthène(B. C. 384). 아테네의 정치가, 웅변가. 폴리스의 자립을 호소하며 패권을 추구하는 필리포스 2세에 대항하여 반 마케도니아 운동을 전개했지만, 뜻을 이루지 못하고 자살했다.

스트라스부르 극장에서 오페라를 공연했다. 주인공이 돌연 무대 앞으로 나와 방금 프리마돈나 마담 드프로몽이 남편과 친정아버지가 전투에서 사망했다는 비보를 받았다고 전했다. 비극적인 상황에서 역할을 연기하기 어렵다고 양해를 구했다. 그때 특별석에 앉아 있던 테트렐이 벌떡 일어서서 장검을 빼 들고 난간을 두드리며 괴성을 질렀다. "공화주의자들 앞에서 감히 비겁한 핑계를 대다니! 어서 달려와 노래하라고 전하라고……. 우리 앞에서 눈물 따위를 찔끔대지 말란 말이야. 오늘은 승리한 날이야. 눈물은 귀족이나 흘리는 거라고!"

살벌한 목소리에 아무 소리도 못 했다. 가엾은 프리마돈나는 공연은 끝까지 했지만 결국 실신했다. 또 다른 만행도 있었다. 당시 12살이던 노디에는 선전대로부터 체포영장을 받았다. 선전대는 스트라스부르 유학생 노디에가 있던 호텔을 수상하게 보았다. 알사스에서 그들을 두려워하지 않는 사람은 생쥐스트가 유일했다. 마침 생쥐스트가 전선에서 사령부로 돌아왔다. 어린 소년은 체포영장을 들고 거리를 가로질러 그가 있는 곳으로 달려갔다.

1월이라 해가 일찍 저물었다. 보초병은 노디에를 지나가게 했다. 노디에는 단숨에 계단을 뛰어 올라가 문을 두드렸다. 아무 대답이 없자 문을 열고 들어갔다. 방은 어렴풋한 형체로 가득 찼다. 촛불을 밝힌 책상 곁에서 생쥐스트는 비서에게 몇 가지 명령을 내렸다. 뒷짐을 쥐고 왔다 갔다 했는데 턱은 높이 두른 넥타이에 파묻힌 모습이었다.

조금 뒤 생쥐스트는 걱정스러운 눈으로 서 있는 낯선 소년을 알아차렸다. 소년에게 용건을 물었다. 노디에가 사정을 털어놓자 생쥐스트는 몇 마디 질문을 연거푸 던졌다. 무엇으로 고발당했고 어디에서 태어났으며 나이는 몇인가? 그러고 나서 노디에를 끌어안아 불빛 쪽으로 옮겨놓았다.

"아니, 정말 열두 살짜리로구나. 어린 계집애 같네! 부모님은 망명하셨니?" 노디에는 아버지가 판사이고 삼촌은 전투부대장이라고 답했다. 생쥐스트는 화가 치밀어 영장을 구겨 바닥에 내던졌다. "어린아이를 체포하다니! 타지에서 왔고 수상한 투숙객 몇이 같은 호텔에 묵고 있다는 이유로 선전대가 체포령이라? 한심한 작자들이 이런 식으로 몽타뉴 클럽의 칭찬을 받고 우쭐해하잖아. 허구한 날 소중한 자유를 위협하는 이런 공격을 조사해야지, 안 되겠어?"

생쥐스트는 노디에에게 걱정하지 말고 귀가하라고 일렀다. 그러다가 노디에가 문을 나서려 할 때 다시 불러세웠다. "너 스트라스부르에서 뭐 하길래?" 노디에가 대답했다. "몇 달 전에 공부하러 왔습니다. 그리스어를 배우려고요." 생쥐스트가 물었다. "여기에서 누가 가르치는데?" "슈나이더 선생님입니다. 독일에서는 처음 보는 그리스 전문가인데 『아나크레온』[90]을 번역하셨어

---

90 아나크레온(B.C. 582~B.C. 485). 그리스의 서정시인. 주가酒歌와 색정적 시로 유명하다. 아홉 서정시인의 반열에 올랐다.

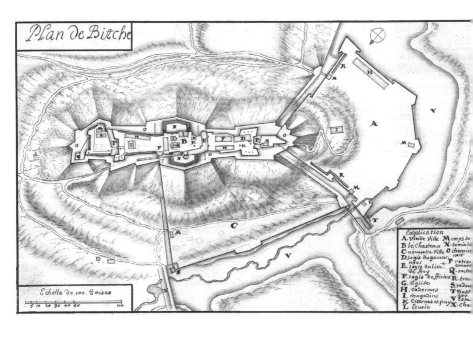

〈비츄 요새 도시의 1775년 지도〉, 자르브뤼크 고문서보관소.

요.” 생쥐스트는 약간 냉소적인 웃음을 지었다. “쾰른에서 온 프란치스코 수도사! 아나크레온 같은 슈나이더! 그래, 그리스어를 열심히 배우거라. 다른 것을 배운다면 가만두지 않을 테니”

승전가도

기강이 다시 잡혔다. 부대의 사기는 어느 때보다 높았다. 식사와 장비, 훈련 등 모든 것이 부족하지 않았고 병사들은 적을 향해 진격하자고 아우성쳤다. 패했던 군대가 공격 태세로 돌아선 것이다. 생쥐스트는 피슈그뤼 장군에게 편지를 썼다.

> 장군, 지금까지 장군의 군대에 감탄만 했습니다. 이제는 이기러 나설 때입니다.

이렇게 공안위원회에 보고했다.

> 우리는 폭풍처럼 행군 중이다. 우리가 멈추지 않는 한 적들은 숨 쉬지 못할 것이다. 비츄와 프티트피에르, 리히텐베르크, 포르보방, 란다우 등 전방의 요새들을 보강하고 팔라티나[91]를 점령할 것이다.

---

91 라인강 중류의 만하임, 하이델베르크, 뒤셀도르프 일대.

<1792년 의용대의 출전>, 사진, 귀스타브 르그래, 1853, 파리 샹젤리제 개선문의 부조, 1830.

과장이 아니었다. 생쥐스트는 공격 명령을 내렸다. 자르브뤼켄에서 라인강변까지 포성이 울렸고 공화국의 용사들은 '라마르세예즈'를 우렁차게 불렀다. 말을 탄 생쥐스트는 깃털 꽂힌 모자를 쓰고 장갑 낀 손에 지도를 들고 작전을 지휘했다. 피슈그뤼는 이렇게 말했다. "군대와 함께 있을 때는 그대가 사령관이오!"

생쥐스트와 르바는 최전선에서 병사들을 격려하고 장교와 부대장들을 주시했다. 경계심은 정당했다. 비쉬 성채에서 왕정파 장교가 도개교를 올리지 않아 적군 6천 명이 다리를 건너 방책까지 도착했다.

공격을 맡은 망명자 출신 기술자는 과거에 요새를 지었던 사람이라 사정을 낱낱이 알았다. 보루 사이 통로로 적이 야금야금 침투했다. 프랑스 포수들은 야포를 놓아둔 채 오스트리아 병사들에게 달려들어 몰아냈다. 시신 더미들로 통로와 구덩이가 막혔고 피와 잔해로 성벽은 물들었다. 생쥐스트의 병력은 노도처럼 진격해 수비대와 합류해 요새를 점령했다. 라인군 유해를 수습하고 한 달 뒤 생쥐스트는 공안위원회에 이렇게 보고했다.

자르브뤼켄에서 라인 연안까지 모든 전선에서 공화국이 승리하고 있다. 우리가 약속을 지키겠다. 적을 격멸할 때까지 임무를 다할 것이다. 적은 모두 라인강에 수장될 것이다.

후방 전선이 위기를 맞았다. 적을 국경으로 밀어내는 동안 정부는 전복 위기를 맞았다. 파리에서 온 소식을 듣고 생쥐스트는 란다우 해방을 뒤로 미루고 즉시 돌아가기로 했다. 먼저 모젤군 사령관 오슈 장군에게 란다우를 포위했던 병력을 보강하도록 모든 예비 조치를 명했다. 정확한 훈령이라 오해할 여지는 없었다. 군의 실질적 사령관은 생쥐스트였다.

오슈는 피슈그뤼보다 불운했다. 카이저슬라우텐에서 패배의 쓴맛을 보았다. 그의 능력을 믿었던 생쥐스트는 그를 격려했다. "카이저슬라우텐에서 두 번씩 승리할 수만은 없지 않겠소."

슈나이더 사건

정부는 격심한 갈등을 겪고 있었다. 오로지 피에 굶주린 과격파와 수감자들을 석방하고 공포정치를 끝내자는 관용파의 대립은 극단으로 치달았다. 로베스피에르는 관용책을 두둔했다. 생쥐스트는 어떤 관점도 취하지 않았다. 무모한 처형을 혐오했지만, 알사스에서 모반을 겪은 탓에 관용이 치명적으로 위험하다고 생각했다.

생쥐스트가 파리에서 잠깐 머무는 사이에 로베스피에르와 무슨 밀담을 나누었는지 알 수 없다. 그러나 두 사람이 만난 후 로베스피에르가 강경책으로 돌아섰다는 사실만은 분명하다. 알사스로 돌아간 생쥐스트가 로베스피에르에게 보낸 편지에서 그의 영향력이 통했다는 점을 알 수 있다.

우리가 법만 많이 만들었지, 실행은 미미합니다. 두드러진 범행만 처벌하고 기만적인 범죄는 처벌받지 않지요. 어느 편이든 경범죄를 처벌해야 합니다. 정부가 다 지켜보고 있다는 것을 알려야 협잡꾼들이 겁먹지 않겠습니까.

생쥐스트와 르바는 다시 전방으로 향했다. 임신 중이던 르바의 아내[92]는 남편과 헤어지기 힘들어했다. 결국, 아내를 데려가기로 했다. 생쥐스트의 약혼녀 앙리에트도 임산부를 돕겠다며 떼를 썼다. 알사스에 머무는 동안 불필요한 외출이나 접촉을 삼간다는 약속을 받고 동행을 허락했다. 넷이서 길을 나선 화창했던 그날, 그들은 특별히 예약한 마차에 올랐다.

12월이었지만 날씨는 포근했다. 성벽을 지나 여행길로 접어들자마자 생쥐스트는 몰리에르의 작품을 큰 소리로 읽어주었다. 역에 도착할 때마다 르바와 생쥐스트는 그곳 관리들과 대화를 나누었다. 파리에서만 살았던 엘리자베트는 새로운 것을 발견하고 모든 것에 경탄했다. 하지만 시골길은 더욱 굴곡이 심해졌고 마차가 샤벤느의 험한 길로 접어들자 무서워하기 시작했다. 덜컹대는 바퀴 소리로 여행은 고역이었다. 르바는 아내를 꼭 안아 주었다. 샤벤느의 망루들이 보이고 사령부에 도착해서야 안심했다.

---

92 엘리자베트 르바 Elisabeth Le Bas(1772~1859). 로베스피에르가 살던 집주인 목수 뒤플레의 막내딸이다. 필립 르바와 1793년 8월 26일 결혼했다.

사령부 별관에 두 여자의 숙소를 마련했다. 생쥐스트는 새로운 동반자들을 시장에게 소개했다. 그는 훌륭한 공화파 원로였지만, 여전히 생루이 기사단의 표장을 두르고 있었다. 생쥐스트는 같은 표장을 둘렀던 아버지가 떠올라 문제 삼지 않았다. 그와 르바는 여자들을 시장에게 당부하고 다시 스트라스부르로 향했다.

두 사람은 자정에 도착했다. 모네와 프랑스 편의 다른 장교들이 초조하게 기다렸다. 검사 슈나이더가 지방을 한 바퀴 돌면서 황당한 짓을 벌였다고 보고했다. 그런데 돌아와서는 더한 모습을 보였다. 소문에는 결혼을 강요당한 젊은 여자와 함께 6두 마차를 탄 슈나이더를 무장 기사 30명이 수행했다. 그런 시위로 무슨 흉계를 꾸미는 것일까?

모네는 참석한 위원들에게 슈나이더의 체포 명령을 요청했지만, 소심한 그들은 선뜻 동의하지 않았다. 특임위원들이 그 부담을 덜어줄 수 있을까? 과장된 이야기는 아니었다.

슈나이더는 이동식 단두대를 가지고 지방을 순회하며 혁명재판을 열었다. 그는 장터나 광장에 단두대를 세우고 제물을 찾아다녔다. 희생자는 가벼운 죄를 지은 가난하고 불쌍한 사람들이었다. 왕정파 노래를 불렀다거나 오스트리아군이 곧 점령할 것이라고 경솔하게 떠들었을 뿐이다. 그러나 뮐렌베르크의 증언에 의하면 적의 실질적인 하수인이던 부자와 힘 있는 자들은 한 명도 처벌받지 않았다.

생쥐스트의 뜻과 달리 슈나이더는 제멋대로 권력을 남용했다. 그는 특임위원들이 잡으라고 한 자들은 건드리지 않고 노인과 농부 등 잡을 필요가 없는 사람들은 단두대에 올렸다.

나중에 로베스피에르는 슈나이더를 반혁명 분자라고 했다. 그런 작자들이 왕정파 편을 들면서 공포정치를 악용해 민중 사이에 평판을 떨어트리고 반혁명적 강박관념을 일으킨다고 의심했다. 슈나이더 때문에 사람들은 전국에 걸쳐 기겁했다. 오늘날에도 알사스를 거쳐 가는 여행자들은 슈나이더의 피비린내 나는 만행과 믿기 어려울 정도로 많은 희생자 이야기를 들을 수 있다.

슈나이더가 지방에서 단두대에 올린 사람이 30명뿐이었다는 기록을 보면 놀라게 된다. 그는 전설에 휩싸인 인물이었다. 푸짐하게 먹고 마시며 질탕하게 놀기 좋아했다. 그가 붉은 모자를 쓰고 장검을 차고 곰보딱지 얼굴로 거들먹거리며 단두대와 함께 나타나면, 순진한 알사스 농민들은 그를 사탄의 화신으로 보았다.

어떤 교구 사제가 사직서를 제출하자 슈나이더는 그의 결혼을 주선하겠다며 신붓감을 물색하며 바람을 잡았다. 얼마 뒤 환속한 사제가 약혼녀를 소개하자 소문이 퍼졌다. 놀랄 것도 없이 약혼녀는 결혼과 단두대 사이에서 선택할 처지였다는 것이다. 슈나이더는 한술 더 떴다. 사제의 신혼살림을 돕자고 공개적으로 축의금을 모았다. 그의 호소는 거부할 수 없는 공감이었다.

슈나이더의 특히 악명을 높인 것은 자신의 결혼이었다. 두

가지 다른 이야기가 전한다. 하나는 노디에와 새커리[93]가 퍼트린 소설이다. 어느 날 젊고 고운 소녀가 슈나이더를 찾아와 부자라는 이유로 단두대로 오르게 된 아버지를 살려달라고 눈물로 호소했다. 돼지처럼 찢어진 눈으로 소녀를 바라보던 슈나이더는 자신과 결혼하면 살려주겠다고 부드럽게 말했다.

아버지를 구하려고 할 수 없이 동의했지만, 소녀는 대신 결혼식을 스트라스부르에서 치르자고 했다. 슈나이더는 별것 아니라고 생각하고 6두 마차에 올라 기병들의 호의를 받으며 스트라스부르 시내로 들어갔다. 소녀는 생쥐스트 사령부 건물 앞으로 지나가 보자고 했고 슈나이더는 별다른 의심 없이 그대로 따랐다. 마차가 사령부 언덕 위에 도착하자 처녀는 슈나이더가 붙잡을 틈도 없이 뛰어내렸다. 현관으로 뛰어들어 생쥐스트 앞에 엎드려 자신과 아버지를 구해달라고 애원했다. 사연을 들은 생쥐스트는 즉시 슈나이더를 체포하라고 명령을 내린 후 자신이 개입하지 않았다면 어쩌려고 했는지 소녀에게 물었다. 소녀는 첫날밤에 슈나이더의 목을 조르려고 했다고 털어놓았다.

슈나이더가 스트라스부르에 도착했을 때 생쥐스트는 부재중이라 정확한 이야기라고 볼 수 없지만, 어떤 식으로든 민중은 생쥐스트를 억압받는 사람들의 보호자로 여겼다. 실제 이야기는 소설처럼 환상적이진 않아도 꽤 흥미진진하다. 슈나이더가 부잣집

---

93 새커리 William Makepeace Thackeray(1811~1863). 영국 소설가. 『허영의 시장』.

딸에 눈독 들이긴 했지만, 소녀의 아버지는 투옥되지도 위험에 처하지도 않았다. 도시를 떠난 슈나이더는 푸짐한 저녁 식사 후 외로움으로 울적해져 이상한 청혼 편지를 썼다.

혁명 동지, 사랑합니다. 훌륭한 부모님께 청혼합니다. 허락한다면 행복하게 해주겠습니다.

그리고 한 통의 편지를 더 추가했다.

혁명 동지, 첨부한 편지를 따님에게 전해주십시오. 결혼을 허락해주신다면 공화주의자로서 따님을 행복하게 해주겠다고 맹세합니다.

편지를 다 쓰자 이미 밤은 깊었지만, 슈나이더는 조급해졌다. 부하에게 전갈을 전하도록 했고 그들은 새벽 1시쯤 호의적인 답을 받아왔다. 훗날 소녀와 아버지는 청혼 압박은 없었다고 했지만, 슈나이더의 무서운 평판과 종용에 어지간히 영향을 받았을 것이다. 그날로 결혼해 모네가 설명했던 모습대로(6두 마차를 몰아) 스트라스부르에 도착했다. 슈나이더는 대중 에게 여전히 인기가 있었다. 그의 위신을 세워주려고 기병들도 자원해서 따라나섰다.

생쥐스트는 오래전부터 슈나이더를 처벌할 생각이었다. 공포정치를 이용하는 그의 방식과 연방주의에 대한 태도가 못마땅했다. 슈나이더의 요란한 스트라스부르 입성은 생쥐스트가 세운 공화주의 원칙으로 보면 충격이었다. 이를 빌미로 슈나이더를 체포했고 재판받기 위해 파리로 보내기 전에 광장 단두대 밑에 4시간 동안 세워두라고 명했다.

스트라스부르에서 첫날밤을 보냈던 슈나이더는 불운하게 침대에서 붙들려 투옥되었다. 이튿날 스트라스부르 사람들은 무시무시한 검사 슈나이더가 단두대로 끌려가는 모습을 보고 경악했다. 사형집행인은 짓궂게 도르래와 밧줄을 흔들며 형틀을 조정했다. 이어서 슈나이더를 단두대 꼭대기에 묶고 머리 위에 '공화국의 명예를 훼손한 자'라는 판자를 붙였다. 그의 추종자들은 이를 갈면서도 감히 개입하지 못했다. 슈나이더는 파리로 끌려가 결국 단두대에서 사라졌다.

진정한 야전 사령관

생쥐스트와 동료 특임위원들의 사이는 좋지 않았다. 생쥐스트는 그들이 무능하다고 생각했고 그들은 생쥐스트가 제멋대로 하는 독재자라고 보았다. 하지만 그들은 그에게 감탄했다. 논쟁을 자주 벌였던 보도[94] 장군은 그에게 열광했고 생쥐스트가 종종 궁지에 몰았던 르바쇠르는 『회상록』에서 그를 가혹하게 다루며 복수했지만, 생쥐스트야말로 대혁명의 진정한 위인이라고 했다.

---

94   보도 Auguste Nicolas Baudot(1765~1801). 프랑스 혁명군 장군.

생쥐스트와 르바가 알사스에 처음 도착했을 때 현장에 있던 특임위원 5명이 그들을 찾아왔다. 하지만 그들에게 불만이 있던 생쥐스트는 거절했다. 위원회에 편지를 보내 좀 더 실질적 도움이 될 만한 사람들로 대체해달라고 요청했다. 쓸만한 인물이 드물었던 탓에 모두 바꾸지 못했다. 로베스피에르도 언젠가 요직을 맡길 만한 인물이 의회에 20명도 안 된다며 걱정하지 않았던가?

남은 사람 중에 라코스트가 있었다. "생쥐스트가 금욕적이고 절제하며 과묵한 만큼 라코스트는 방탕했고 무절제했으며 수다스러웠다." 그는 자신이 생쥐스트의 꼭두각시였다며 씁쓸하게 회상했다. 생쥐스트가 먼 곳에 있어도 막사에 있던 장군들은 그와 의논하겠다면서 라코스트를 무시했다.

오슈 장군이 이끄는 모젤군은 생쥐스트의 휘하에 있었다. 피슈그뤼 장군의 라인군도 마찬가지였다. 란다우를 포위하려면 양군의 협동작전이 필요했다. 생쥐스트는 통합군의 지휘를 맡기려고 더 노련한 피슈그뤼의 막사를 찾았다. 그런데 의논도 없이 라코스트와 보도가 오슈 장군에게 지휘봉을 맡겼다. 건방진 처사였지만, 작전이 우선이라고 판단한 생쥐스트는 내색하지 않았다. 대신 피슈그뤼에게 그의 밑에 있던 젊은 오슈 장군의 지휘를 받을 수 있겠는지 묻기만 했다. 그가 동의하자 오슈의 지휘권을 유지했다. 매우 적절한 판단이었다. 생쥐스트는 위원회에 보고했다.

미묘하고 까다로운 상황이었다. 조국의 안위만 고려해야 했다.

12월 26일, 라인군과 모젤군은 함께 "란다우 아니면 죽음을!"이라고 외쳤다. 이제 적의 함정에 빠져 죽으면 어쩌나 걱정하는 겁에 질린 너절한 무리가 아니었다. 젊은 특임위원의 불굴정신에 취해 사기가 하늘을 찌르는 정예병들이었다. 방금 생쥐스트와 언쟁을 벌였던 보도는 분노를 잊고 흥분하며 회상했다.

삼색 깃을 꽂은 챙 넓은 모자를 쓴 생쥐스트는 위원 띠를 두르고 공화국 군단들의 선두에서 빗발치는 총포를 두려워하지 않고 젊은 기병처럼 무모하리만큼 사납게 돌진했다.

최전선이 무너지자 적들은 패주했다. 비상부르와 로테르부르, 카이저슬라우텐을 차례로 점령하고 란다우를 포위했다. 수비대는 악착같이 저항했다. 생쥐스트는 직접 말을 타고 나가 특히 난공불락으로 보이던 보루를 집중적으로 공격하는 아군을 응원했다. 그는 말에서 내려 부하에게 고삐를 맡기고 장검을 빼 들며 "돌격 앞으로!"를 외치며 보루로 달려들었다.

돌격대원들이 즉시 그의 뒤를 따랐다. 척탄병들도 가세했다. 포화가 또다시 빗발쳤다. 생쥐스트는 난간을 타고 적에게 뛰어들어 장검으로 결딴냈다! 살아남은 적들은 생포했다. 자상을 당한 척탄병이 생쥐스트에게 다가와 말했다. "위원장 동지, 정말 대단합니다. 모자 깃털 하나도 빠지지 않았소. 지켜보고 있어요. 당신은 대단한 사람입니다. 보루가 정말 악귀들의 도가니 같네요."

12월 27일, 생쥐스트와 르바, 피슈그뤼는 말을 타고 초토가 된 란다우에 입성했다. 질겁한 주민들은 더는 적과 아군을 구별하지 못하고 땅에 묻었다. 프랑스는 계속 진군했다. 지평선을 휩쓸며 몰려오는 폭풍처럼 진격했다. 라인강 너머의 도시들(슈파이어, 노이슈타트, 프랑켄달, 보름스)을 연거푸 점령했다. 혁명군은 수많은 총포와 막대한 식량, 수천 명의 포로를 사로잡았다. 알사스에서 승리자는 강력한 압박으로 적을 국경 너머로 추방했다. 2개월 만에 생쥐스트가 특임위원으로 거둔 성과였다.

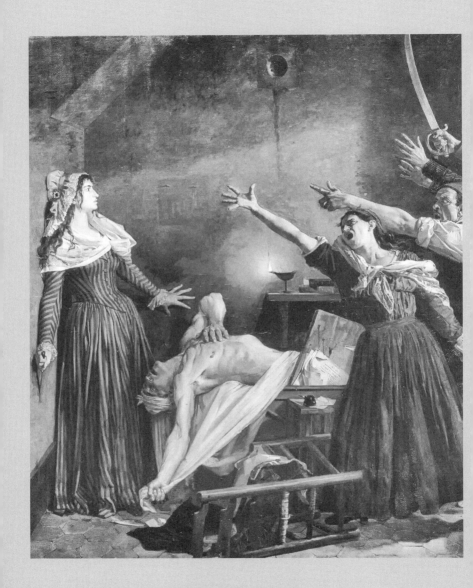

〈마라의 암살 현장〉, 유화, 장조제프 베르스, 1880, 루베시.

대혁명의 고비

국민공회 의장 1793. 7. 13.~1794. 3. 6.

파리로 돌아온 생쥐스트는 상황의 심각성을 깨달았다. 식량이 부족했다. 즉시 사재기와 투기를 금하는 법령을 내놓았다. 법이 발효되자 공포정치는 가차 없이 사형으로 철저히 엄벌했다. 기근은 피할 수 있었지만, 빈 곡식 창고를 채우지 못했다.

혁명정부 전복의 위기

양심의 가책을 받지 않은 몇몇 야심꾼들은 민중의 고통과 불만을 이용해 사리사욕을 채웠다. 『페르 뒤센』(뒤센 영감)을 발행한 에베르[95]가 가장 파렴치했다. 이 신문은 쉬운 속어를 사용해 탐욕과 사

---

[95] 에베르Jacques-Rene Hebert(1757~1794). 언론인 출신 혁명기 정치인. 언론 플레이로 대중선동에 능했다.

치, 잔인성 같은 저속한 감정을 부추겼다. 그즈음 마라가 사망했다.[96] 마라는 에베르만큼 잔인했지만, 격이 달랐다. 마라의 잔인성은 불행한 사람들에게 지나치다 싶을 만큼 공감해서 였다. 반면에 에베르는 뱀처럼 극성맞게 이권을 탐했고 수지맞는 사업을 위해서였다. 에베르는 혁명의 수혜자였다.

처음에는 과격파와 싸웠지만, 득도 없고 위험하다는 생각이 들자 태도를 바꿔가며 혁명의 요란한 반주자로 시도 때도 없이 불협화음을 빚었다. 에베르는 신문 발행을 혁명 사업의 뒷거래로 이용했다. 부자들을 공격해 궁지로 몰고 하수인들로 중재해 살리곤 했다. 곤경에 처한 사람들이 당시 유행하는 레스토랑에서 만난 사람은 슬픔과 분노로 북받쳐하는 혁명가, 신랄하게 비꼬는 인권 옹호자가 아니었다. 기분 좋은 말투와 유쾌하고 호감 가는 태도를 지닌 우아한 사람이었다. 그리고 무엇보다도 까다롭지 않았다. 이야기하려던 것은 사업이었기 때문이다. 식사가 끝날 무렵이면 타협도 끝났다. 에베르는 애먼 혁명 동포를 공격했다며 사과했다. 그뿐만 아니었다. 에베르는 자신이 공격했던 사람이 군부에 납품할 때면 심어둔 하수인들 도움을 받아 그들에게 유리한 조건을 제시했다. 그리고 떡고물도 챙겼다. 자기 신문을 대량 구매하라는 조건을 붙였다. 구독료를 황당할 정도로 높게 불렀

---

96 마라는 샤를로트 코르데라는 소녀에게 암살당했다. 코르데는 마라를 가톨릭을 모욕하는 악마의 화신이라고 믿었다.

다. 전쟁터의 용사들에게 보낸다는 핑계였는데 출전 병사들은 대부분 문맹이었다. 에베르는 과격한 전쟁 지지자였다.

다행히 대중의 불만을 엮어내는 자들이 항상 똑같은 우두머리 밑에서 움직이지는 않았다. 웰스[97]가 멋지게 이름 붙인 '하느님 맙소사'라는 이상한 종류의 사람들은 '세상에, 뭐든 해봅시다'라는 말을 모든 곳에 전했다. 별수 없이 몇 사람의 목을 쳐야 한다는 말은 사실이었다. 또한 에베르의 선동에 휘말려 "단두대가 늘 모자라네!"라고 떠벌리고 다녔다.

에베르 일당이 공포정치를 강화하라며 정부를 성가시게 하는 동안 관용파는 공포정치를 중단하고 정치범을 석방하려고 애썼다. 사실, 공포정치는 종종 극단적이고 불공정하고 부패에 휘말린 모습을 보였다. 당시로서는 불가피한 상황이었다. 나폴레옹도 통치술의 그런 면을 인정했다. 로베스피에르의 정부를 비판할 수 있지만, 인간 본성에 따른 권력 남용은 피하기 어렵다.

생쥐스트와 로베스피에르는 그런 부작용을 줄이려 애썼지만, 언제나 성공하지는 못했다. 그러나 두 사람이 없었다면 분명 공포정치는 훨씬 더 잔혹했을 것이다. 테르미도르의 반동을 주도한 극단적 공포정치 지지자들은 "혁명의 도도한 공포의 흐름을 막으려고 했다"라며 로베스피에르를 비난했다.

---

[97] 웰스Herbert George Wells(1866~1946). 현대 공상과학 장르의 창시자로 알려져 있지만, 역사와 사회 문제를 다룬 주목할만한 저작을 많이 남겼다.

〈1794년 3월 14일 형장으로 끌려가는 에베르 일당〉, 판화, 피에르 베르토, 1802,
프랑스 국립도서관.

만약 그때와 똑같은 상황에 부닥친다면 더 잘 대처했을까? 실제로 가능했을지는 모르겠다. 로베스피에르에게 가장 험담을 퍼부은 티에르[98]는 1871년에 자신의 인간미와 수완을 보여줄 기회가 있었다. 그는 콜로[99]와 푸세[100]를 로베스피에르에 비해 상냥한 천사로 만드는 데만 성공했다.[101]

공포정치 시절 감옥은 오늘날의 강제수용소와 마찬가지였다. 수감자들은 약간의 돈으로 편안하게 사치도 부리며 대우받았다. 공평하지 않았다. 예외적인 경우에만 독방에 갇혔다. 그 후로 다른 나라들은 위급한 상황에도 해명 없이 더 잔인한 조치를 취했다. 공포정치 시절에 수감자는 거의 없었다. 사형 집행이 많았지만, 예상 보다는 드물었다. 프랑스 전역에 걸쳐 1만 8천여 명이 채 되지 않았다. 생쥐스트는 이 문제에 이렇게 답했다.

98 아돌프 티에르Adolphe Thiers(1797~1877). 변호사 출신 역사가. 정계에 진출해 1871년 파리 코뮌을 진압하고 제3공화국 초대 대통령이 되었다. 1873년 의회의 불신임으로 사퇴했다. 10권짜리 『프랑스 혁명의 역사』를 남겼다.
99 콜로Jean-Marie Collot d'Herbois(1749~1796). 프랑스 혁명 지도자. 공포정치를 추진했지만, 테르미도르의 반동으로 로베스피에르를 실각시켰다.
100 푸세Joseph Fouche(1759~1820). 국민공회 의원. 지방 교육계에서 일하다 혁명기에 파리 정계에 진출, 이후 혼란을 틈타 변심과 변신을 거듭하며 주로 치안 공무원으로 일했다. 나폴레옹 정권에서 치안 총책과 내무장관을 역임하며 승승장구했다. 소설가들이 혁명기 인물들 중 가장 속이 시커멓고 음산한 인물로 즐겨 모델로 삼았다.
101 1793년 리옹 반란 당시 콜로 에르부아와 푸세는 1,667명, 티에르는 1만 7천 명을 처형했다. 공식 통계로는 희생자 수는 두 배로 추정된다.

〈생드니 성당에서 훼손되는 왕들의 무덤〉, 유화, 위베르 로베르, 1793, 카르나발레 박물관.

그들이 요구하는 대로 석방한다면 방데 같은 반혁명 폭동이 일어나게 됩니다. 또다시 민중이 불행과 치욕을 겪어야 한다는 말입니까? 수감자들은 풀려나자마자 다시 무기를 들 텐데! 1년 전에 그들을 체포했다면 왕정파가 어떻게 내전을 벌였겠습니까!

생쥐스트는 반혁명 용의자를 편드는 운동이 과연 사심 없는 인도주의에서 비롯된 것인지 의심했다. 정당한 의심이었다. 이 운동을 주도한 당통은 바로 지난해에는 대학살을 선동했다.

당통은 미국에서 널리 퍼진 '보스' 같은 정치인이었다. 그들은 대개 키가 크고 쾌활했다. 악에 관대하고 친구들에게 충실했다. 사회와 역사적 진실에는 해롭지만, 친구들에게 의리를 지킨다. 의리가 없다면 그들의 정치적 영향력도 별 볼 일 없다.

그들이 모험과 행운으로 역사적 인물이 되지 않았다면 전기 작가들도 그들에게 걸맞지도 않은 위신을 치켜세우지도 않았을 것이다. 당통은 쾌락주의자였다. 생쥐스트는 당통 일당을 "즐겁고 재미있게 살고 싶어들 하지"라고 평했다. 모든 이에게 욕망은 합법적이고 공통된 것이다. 그러나 쾌락주의자는 자신들의 욕망을 위해 다른 모든 것을 희생시킨다.

당통은 공포정치의 주요 책임자의 하나였으나 얼마 전부터 공포정치는 그의 즐거움을 매우 방해했다. 불운한 수감자들을 걱정하느라 잠을 설치지는 않았다. 대학살로 세상이 시끄러울 때도 그는 잘 잤다. 하지만 이제 공포정치는 그의 문지방까지 스며들

〈카미유 데물랭〉, 작자 미상, 1865, 삽화, 아돌프 티에르의 『프랑스 혁명의 역사』.

었다. 절친한 친구들은 위험이 닥쳤다고 직감했다. 그들은 뇌물을 받거나 자신들이 만든 법을 어기고 왕정파로 의심되는 자들에게 은신처를 알선했다. 당통도 부패에 물들었다. 왕정파를 숨겨주지는 않았지만, 보상을 기대하고 왕을 은밀히 구하려고 했다.

위험이 코앞에 닥쳤는데 어떻게 평화롭게 삶을 즐길 수 있으랴. 정부에 있는 사람들은 누구에게나 같은 조처를 하는 것이 적절하지 않다는 것을 이해하고 판단력을 보여주어야 했다. 사실, 당통이 불편했던 것은 공포정치가 아니라 대상을 무차별하게 적용하는 위원회의 의지였다.

공포정치에 자신도 당하지 않을까 불안했다. 게다가 대중을 선동했던 또 다른 까닭이 있었다. 권력을 되찾고 싶었다. 그렇게 하려면 혁명 동지들과 긴밀하게 얽혀있었기 때문에 반혁명 세력의 지지가 필요했다. 당통은 정파의 리더들이 종종 쓰는 수법대로 상황을 유리하게 활용할 때를 기다렸다. 자신은 오랫동안 납작 엎드려 있으면서 대개 데물랭을 최전방에 내세웠다.

필자가 『로베스피에르』에서 당통은 불순한 의도가 있었던 반면, 데물랭은 수감자들의 운명을 순수하게 동정해 대중운동에 나섰다. 이런 의견은 자료가 발굴된 오늘날 다시 생각해볼 수밖에 없다. 어떤 시인[102]은 데물랭이 '야수의 영혼에 여자의 심장'을

---

102 엠마뉘엘 데제사르Emmanuel des Essarts(1839~1909). 클레르몽페랑 시장을 지낸 정치인이기도 했다. 디종 대학 문학부 교수.『혁명의 시, 1789~1796』(1879)를 내놓았다.

〈파브르 데글랑틴 초상〉, 피에르 토미르, 1793, 유화, 카르카손 미술관.
파브르 데글랑틴은 당통과 함께 부패 혐의로 처형장에 끌려가는 수레에서 끝내지 못한 글이 있
다며 통곡했다거나 단두대에 오르면서 자기 시를 중얼대었다는 일화를 남겼다. 장자크 루소의
『에밀』을 각색한 극본을 남겼다. 툴루즈시 문예원에서 수상한 은제 찔레꽃을 들고 있다고 상상
한 초상화. 데글랑틴은 '찔레꽃'이다.

가졌다고 말했다. 야수의 영혼에 대해서는 동의하지만, 그의 마음이 그렇게 따뜻하다고 생각하지는 않는다.

데물랭은 팔레 루아얄에서 수모를 당한 행인을 보고 흐뭇해하는 역겨운 글을 남겼다. 같은 경우에 마라는 사나운 군중에게 폭행당한 여자를 구했다.[103] 재판 없이 왕을 죽이자고 주장한 생쥐스트는 종종 비난받았다. 따뜻한 영혼을 가진 데물랭은 다음과 같은 제안을 했지만, 어떤 역사가도 그를 비난하지 않았다.

카루셀 광장[104] 단두대에 세워야 한다. 루이에게 '선서를 위반한 민족 반역자,' 또 그 뒷면에 '생드니의 지하실은 장차 협잡꾼과 살인자와 배신자의 묘지다'라고 적은 게시판과 함께 그 위로 올려야 한다.

이런 사례는 끝도 없다. 그는 정적 에베르가 사형선고를 받자 단두대로 가는 수레를 따르며 죽음의 잔치를 벌였다. 그 행렬을 해산시키느라 얼마나 애를 먹었던가. 그런데 지롱드 회원들의 재판 때는 산발한 모습으로 재판정 밖으로 뛰어나가 황망하게 한탄했다. "맙소사, 저들을 내가 죽이네. 이게 다 내가 정체를 폭로한 브리소 때문인데!" 물론, 수상한 인물 빌라트가 보도한 증언이라 신뢰하기 어렵다. 군중 앞에서 한탄했다는데 들었다는 사람은 아무

---

103 8장에서 나오는 메리쿠르 사건을 가리킨다.
104 튈르리궁의 광장. 지금은 루브르 박물관에 유리 피라미드가 서 있는 자리.

도 없다. 게다가 지롱드 회원들이 죽은 후 자기 잘못을 회개한다던 데물랭은 이후에도 그들을 계속 공격하지 않았나?

따라서 그가 갑자기 목청을 높인 인도주의는 수상하다. 학살에도 무심했던 사람이 수감자를 동정했다니 의심스럽다. 당통처럼 그도 사사로운 이유로 오락가락하지 않았을까? 사실, 데물랭의 동지들 여럿이 공포정치에 희생될 판이었다. 그와 각별했던 왕정파 장군 디용[105]은 왕비와 왕자의 탈출 모의에 연루되었다. 부유했던 장인은 수감 중이었고 부모와 친지 대부분이 반혁명파였다. 그의 결혼식에 참석한 하객 62명 가운데 그가 직접 밝혔다시피 60명이 투옥되어 처형되거나 망명했다.

역사가 미슐레는 이 사건에서 공포의 살벌한 면만 보았다. 혁명에 적대적인 인물들과 데물랭의 왕래를 입증한 증거라고 인정해야 하지 않았을까. 위의 비율이 일반적이었다면 프랑스라는 나라는 곧 사라졌을 것이다. 데물랭은 당통처럼 다른 이유도 있었을 듯하다. 그는 의회에서 영향력이 없었다. 시원시원하게 발언도 못 했고 경박한 성격 탓도 있었다. 미라보의 비서이자 친구였던 쥬네브 사람 에티엔 뒤몽은 공정한 증언을 남겼다.

---

105 디용 백작 아르튀르Arthur comte de Dillon(1750~1794). 야전군사단장을 지낸 장군. 왕정 시대에 디용 연대에 입대하면서 군경력을 쌓았다. 아내 테레즈는 마리앙투아네트의 시녀였다. 데물랭의 아내 뤼실과 함께 뤽상부르 감옥의 수감자들을 선동해 봉기를 기도한 죄목으로 단두대에 올랐다.

데물랭은 웃자란 철부지로 보였다. 경솔하고 무지해 생각과 판단이 부족했다. 재기는 있었지만, 정치에서 가장 중요한 이성이 부족했다.

데물랭은 풍자정신을 오직 글로써 표현했다. 다시 한 자리 하려고 신문을 발행하기로 했지만, 에베르와 경쟁할 엄두를 내지 못해 반대편이던 당통계에 발을 들여놓았다. 자산가들을 위해 재능과 정신을 쏟던 데물랭은 처음부터 신문을 5만 부를 발행했고 애독자들은 신문값을 따지지 않고 사들였다.

데물랭의 신문『비외 코르들리에』가 당통계의 유일한 무기는 아니었다. 필리포[106]는 방데 사태에 대한 정부 조치에 반대하는 책자를 내놓았다. 의회에서도 파브르 데글랑틴[107]과 부르동[108] 의원이 능란하게 정부 전복 작전을 주도했다. 마침내 전면에 나선 당통이 위원회의 재정권을 제한하는 조치에 찬성했다. 그러나 위원회는 그 작전을 무산시켰고 투표는 이루어지지 않았다. 생쥐스트가 알사스에서 파리로 돌아왔을 때 상황은 이러했다.

---

106 필리포Pierre Nicolas Philippeaux(17541~1794). 변호사 출신 국민공회 의원. 당통계에 접근했다가 함께 단두대에 올랐다.

107 파브르 데글랑틴Fabre d'Eglantine(1750~1794). 연극인 출신 정치인, 국민공회 의원, 자코뱅 클럽 회원. 선전용 연극과 축제를 연출하고 혁명공화력을 만들어 국민공회에서 공표했다.

108 부르동François-Louis Bourdon(1758~1798). 국민공회 의원. 튈르리궁 공격을 주도했다.

〈르노르망이 점복술에 사용한 카드〉, 복제판, 1875.

국민공회 의장 생쥐스트

알사스에서 반역자들과 끊임없이 투쟁해야 했던 생쥐스트는 지나친 관용책은 오히려 재앙만 초래한다고 생각했다. 그는 당통계를 인도주의 가면을 쓴 반혁명파로 보았다. 그들의 선동에 맞서 끈질기게 싸운 이유였다. 왕정파 역사가들이 인정한 사실로 당통과 데물랭의 작전이 성공했다면 결과는 테르미도르 9일의 반동 사태와 거의 다르지 않았을 것이다. 백색 테러를 연구한 역사가들이 대체로 침묵하는 사실이지만, 테르미도르 사태가 인도주의의 승리였다고 주장할 사람은 거의 없을 것이다.

파리로 돌아온 생쥐스트는 자코뱅 클럽에 거리를 두고 위원회 사무실에 틀어박혀 지냈다. 로베스피에르가 중재해보려 했지만, 에베르계와 당통계는 다툼을 그치지 않았다. 카르노[109]는 알사스에서 생쥐스트가 얻은 성과에 큰 충격을 받고 그에게 군사작전권을 내려놓으라고 요구했지만 거절당했다.

1월 말경, 생쥐스트는 다시 북부 전선으로 향했다. 이번에도 르바가 동행했다. 보름간의 짧은 일정이었다. 깊은 군사 지식을 보여주는 중요한 한 통의 보고서 (현장에서 작성해 보내려고) 가 있다. 두 사람은 폭설에 시달리며 릴에 도착했다. 엉망으로 파인 도로

---

[109] 카르노Lazare Carnot(1753~1823). 공안위원으로 혁명군의 실권자. 혁명 공화정의 14개 군軍의 창설을 주도했다.

때문에 하루 30킬로미터 정도밖에 달리지 못했다. 생쥐스트는 전선의 식량 사정을 보고서에 전했다.

> 북군은 부족한 것이 많다. 10만 병력에 맞춰 모든 것을 준비했는데 지금 24만 명에 달한다. 운송로는 불통이다. 마차 700대가 한길로 몰렸고 빵과 사료가 늦게 도착하여 기병이 사망한다. 군대를 움직이고 싶어 하는 곳에 수송차와 사료 저장소를 만드는 것은 어떨까? 공격을 기다릴 수 없다. 공격할 뜻은 있을까? 공격하려면 당장 오늘 저녁 저장소 위치와 계획을 준비하고 기병을 배치하고 마량 보급부터 준비해야 한다. 전방으로 치고 나가는 것이 현명하다. 대담할수록 결과도 좋을 것이다.

생쥐스트는 북군의 지휘를 피슈그뤼 장군에게 맡길 것을 위원회에 권고했다. 원정전 계획도 채택되었다. 파리로 돌아온 생쥐스트는 국민공회 의장에 피선되었다. 그는 불과 26살에 프랑스를 지배하게 되었다. 18개월 전 생쥐스트는 친구 도비니에게 절망하는 편지를 보냈다. 그 시절을 기억한다면 그는 벼락출세로 어지러운 오르막길에서 현기증을 느꼈을 것이다.

르노르망이라는 젊은 여성 점술사를 찾아갔다는 소문도 떠돌았다. 무슨 예언을 들었을까? 5개월 뒤 단두대에서 죽을 운명이라고 했을까? 일기를 보면 그는 곧 죽음의 예감에 시달렸다. 하지만 자만이 약간 뒤섞인 자신감을 드러낼 때도 있었다. 프루시날은 이런 일화를 남겼다. 어느 날 정오에 생쥐스트의 사무실에 들렀는데 그는 책상에 펼쳐놓은 빵 몇 조각에 마른 소시지와 포도주 한 잔으로 식사를 했다. 생쥐스트는 자조하듯 웃으며 말했다. "영국 수상 피트는 뭐라고 할까? 프랑스 의회 의장이 소시지로 점심을 때우는 꼴을 본다면……"

토지개혁

생쥐스트는 일기에서 자신이 내놓은 가장 중요한 입법 제안인 방토즈 법을 암시한다.

> 8개월 전에 이런 소리를 했다면 독약을 받았을 테지. 적절한 조치가 필요하다고 여론이 일어날 만큼 악재를 기다려야 한다.

그 법령이 아니었다면 생쥐스트는 프랑스대혁명 시기 인물 중 한 사람으로만 주목받았을지 모른다. 방토즈 법령 덕에 프랑스 혁명과 러시아 혁명을 이어주는 다리로 생쥐스트는 영원히 기억된다. 프랑스대혁명은 중산층의 혁명이다. 경제 주도권을 쥔 중산층은 정부 기구 운영은 자신의 몫이라고 생각했다. 그런데 통치 수단은 장악했지만, 가진 게 없는 파리 사람들의 지지가 필요했다. 바스티유를 무너트리고 베르사유로 몰려가 시위하며 거대한 드라마를 쓴 주인공은 바로 가난한 파리 시민들(주로 여자들)이었지만, 연출은 중산층이 했다. 무대 뒤에서 금융과 재정을 주

무르며 장기 패 놀리듯 판을 움직였다. 그러는 동안 로베스피에르와 생쥐스트처럼 타협할 줄 모르는 사람들에게 내전과 혁명의 모든 참상의 책임을 넘겨씌웠다.

빈민층의 힘을 의식한 중산층은 마지못해 모든 계층에게 총선을 비롯해 몇 가지 정치적 이권을 쪼개주었다. 하지만 정치적 권리는 수단이지 목적이 아니다. 가진 게 없는 노동계급은 참정권을 활용해 생활 조건을 향상해야 했다. 하지만 노동자와 농민은 투표로 이익을 얻는 법에 서툴렀다.

노동계급에 선거권을 주려고 끈질기게 투쟁한 로베스피에르조차 그토록 좋은 선물을 노동자들이 이용할 줄 모른다는 사실을 곧 확인했다. 파리에 등록된 유권자는 15만 명이었지만, 투표는 5만 명만 했고 혁명이 한창일 때 앙리오[110]는 5천도 안 되는 표로 국민방위대 지휘관 직책을 맡았다.

결국, 의회에서 노동자를 대변할 수 있는 의원은 소수였다. 노동계급이 자신들의 이익을 관철하기 위해서는 또다시 대규모 시위로 의원들을 겁박하는 과정을 거쳐야 했다. 이런 식으로 양보를 얻어 내봐야 겉으로만 보여주기식이었고 오래가지도 못했다. 로베스피에르는 생쥐스트가 정계에 등장하기 훨씬 전부터 민중에게 진정으로 이익이 될 혁명을 꿈꿨다.

---

110   앙리오 Francois Hanriot(1759~1794). 혁명군 장군. 파리 국민방위대장.

가난한 사람들의 운명을 개선하지 못하는 혁명이라면 또 하나의 적폐일 뿐이다.

이런 목소리를 내는 로베스피에르에게 민중의 위협에 떠밀려 양보만 했다는 비판은 부당하다. 그는 의회 진출 전 아라스 시절에도 변함없이 빈민에게 공감했다. 민중의 생활을 개선하려 했지만, 어떤 방법을 사용할지는 정확히 몰랐다. 빈곤의 미덕(가난한 자에게 복이 있나니!)을 신비화하면서 도피하기도 했지만, 이런 사고방식은 오래가지 않았다.

난처한 그의 처지를 이해할 만하다. 빈곤 퇴치는 요즘도 풀기 어려운 문제다. 로베스피에르 시대에는 이 질문이 훨씬 더 복잡했다. 서구에서는 기계와 산업을 통한 조직과 분배 문제로 축소해 단순화시켰지만, 로베스피에르 시대에는 잠재적 생산력이 없었다. 생쥐스트와 마라 같은 동지들과 함께 로베스피에르의 생각으로는 열악한 환경에 처한 대다수 민중을 두고 사회의 잉여분을 독점할 권리는 누구도 없었다. 그래서 세상의 재산을 좀 더 공평하게 나눌 만한 실용적인 제도를 추구했다.

로베스피에르의 친구 뷔사르[111]는 집단주의 방식을 제안했다. 코뮌 주민공동체에만 생필품을 매매할 수 있는 권리를 주자고 했다. 그러나 당시 사회는 정치, 경제적 여건이 아직 무르익지 않았

111   뷔사르Buissart(1737~1820). 로베스피에르의 고향 친구 변호사.

〈대혁명 무렵의 프랑스 시골 풍경〉, 유화, 피에르앙리 드발랑시엔 , 1806, 톨레도 미술관.

다. 로베스피에르는 집단주의라는 시안을 포기했고 궁여지책이었던 조합주의도 포기했다. 새로 출범한 조합들은 과거 동업조합 길드와 별다른 거 없었다.

그래서 고용주나 노동자의 모든 조직을 금지한 샤플리에 법을 로베스피에르는 의회에 반대 없이 통과시켰다. 당장 해결해야 할 일은 재난에 대응하는 것이었다. 로베스피에르는 파리 변두리 마을들에서 답을 찾아보았다. '농지법', 다시 말해 토지개혁이다. 토지를 모든 프랑스 사람에게 공평하게 분배하자고 제안하자 기겁한 의원들은 그를 멀리했다.

이런 대담한 발상을 생쥐스트가 세련되게 되살렸다. 그는 의회의 장애들을 기막히게 건너뛰면서 정치적 여건에 따라 가다듬었다. 물론, 이런 채택과 절충이 여러 이론을 취합한 결과였다 하더라도 생쥐스트의 공적은 반감되지 않는다. 통치술이나 예술에서 중요한 것은 혁신이 아니라 "이론적으로 필요한 것을 실질적이고 경험적으로 실현하는 것"이다. 방토즈 법을 만들면서 생쥐스트가 한 일이다.

빈곤 퇴치의 영원한 꿈

대혁명 초부터 정부는 가톨릭교회의 재산을 몰수했다. 이 조치로 금융 공황을 피할 수 있었지만, 민중에게는 조금도 도움이 되지 않았다. 투기꾼들은 큰 필지로 사들인 토지를 잘게 나누어 되팔아 큰 수익을 올렸다. 가진 게 없는 사람들에게는 불가능한 일이었다. 얼마 뒤 망명자들의 토지를 지급 편의와 함께 좀 더 작은 필지로 나누어 팔았지만, 근근이 살아가는 사람들에게는 그림의 떡이었다. 공동 구매를 요청했지만, 당국에서 허가하지 않았다.

생쥐스트는 모든 왕정파의 재산을 몰수해 공화주의 사상이 투철한 가난한 당원들에게 우선 분배하자고 했다. 정당한 제안인지는 여기에서 따지지 않겠다. 어떤 혁명적인 조치도 처한 관점에 따라 다르다. 다만, 그것이 시기적절한지 또 책임 있는 고위공직자의 정책인지 협잡꾼의 모사인지가 중요하다.

그는 이런 토지 분양으로 어떤 효과를 기대했는지 직접 밝혔다. 첫째, 그는 사람들의 머릿속에서 왕정제부터 완전히 지워버리려고 했다. 왕정파가 소수인데도 혁명의 무서운 적인 까닭은 그들에게 막대한 재산이 있기 때문이다.

국가의 부는 대부분 혁명의 적들이 쥐고 있다. 궁핍한 민중은 이런 적들에게 일자리를 의존한다. 민간의 관계가 정부 형태와 상반되는 그런 나라를 나라라고 할 수 있을까?

돈 자루를 틀어쥔 세력이 필연적으로 정치권을 행사한다.[112]

---

112   알렉산더 해밀턴 Alexander Hamilton(1757~1804). 미국의 법률가이자 정치
       인. 초대 대통령 조지 워싱턴 정부 시절 재무부 장관(1789). 건국의 아버지 중
       한 명. 미국 헌법의 제정에 공헌하였다(1787).

운명이 뒤집혀 가진 게 없는 계급이 정부를 장악했더라도 적대 계급의 경제력을 제압하지 못한다면 정치력도 즉시 잃을 수밖에 없다. 생쥐스트가 꿰뚫어 보았던 바로 이 점을 그로부터 125년이 지났는데도 독일 사회민주당은 이해하지 못했다.[113]

그가 추구한 두 번째 목표는 공화국과 자코뱅 클럽의 이상에 충성하는 소시민계급을 키우는 것이었다. 공화정에 반대하는 30만 명을 추방하고 재산을 몰수한다면 적어도 300만 명가량 선량한 공화주의자를 확보할 수 있다. 독재와 공포정치를 끝내더라도 반혁명파와 왕정파는 폭동을 일으키지 못할 것이다. 방토즈 법은 정상적인 정부로의 복귀를 준비했다.

세 번째 목표는 민중의 불행을 이용해 이익을 취하는 에베르 같은 부패한 선동세력을 발본색원하는 것이었다. 가난이 사라졌을 것이기 때문이다. 마지막으로, 가장 중요한 것은 아니었지만, 빈곤 퇴치라는 자신과 로베스피에르의 열망을 실현하려고 했다.

불행한 사람에게 조국 따위가 무슨 소용 있을까. 아무것도 사랑할 수 없는데……. 공화국을 건설하려면 민중이 편하게 살아야 한다. 불안정한 생활 때문에 별수 없이 부패에 엮이지 않도록 해야 한다.

---

113 1918년 바이마르 공화국 시절에 개혁에 지지부진한 사회민주당은 차츰 지지자들을 잃고 나치당이 집권하는 빌미를 주었다.

땅의 소유권을 몇 사람이 차지할 수도 있지 않을까. 프랑스 사람들은 땅에 관해서는 보수적이라 단기간에 많은 땅을 가진 사람이 나타나기는 어려워 보였다. 더구나 소득세와 상속세 부담 때문에 토지 재분배는 순조로워 보였다. 대비책도 마련했다.

땅의 소유권을 여럿으로 나누지 말고 소작권을 나누자.

국가는 토지 소유권을 유지하고 시민은 자신에게 할당된 토지에 대한 양도할 수 없는 소작권을 갖게 하자는 것이다. 생쥐스트와 로베스피에르의 이론을 겉만 훑어본 일부 저자들은 반동적인 계획이라고 비난했다. 토지로 되돌아가자는 움직임은 산업과 상업의 발전을 치명적으로 저해한다는 것이다. 그런데 생쥐스트의 말을 들어보자.

우리는 여러분에게 잉여분 없이 생필품의 수요와 소비에서 나오는 복지를 제공한다. 여러분의 손으로 직접 경작할 땅과 집을 제공한다. 쟁기와 밭, 세금 걱정 없는 집이다. 협잡꾼들의 탐욕의 먹이가 되지 않는 가정, 이것이 행복 아닌가.

고행자처럼 생활한 생쥐스트는 에베르와 당통 일당을 겨냥했다. 추하고 방탕한 생활에 분개했다.

생쥐스트는 상업과 산업 발전에 반대하지 않았다. 오히려 그는 다음과 같이 제안했다.

공안위원회는 손실보상을 통해서 제조업과 광산업, 수공업, 늪지 개간을 장려한다. 그것은 산업을 보호하고 거래하는 사람들 사이에 신뢰를 쌓을 것이다.

생쥐스트는 알사스에서 로베스피에르에게 편지에서 보내면서 아무리 가치가 낮은 산업이라도 국가 발전에 도움이 된다면 절대로 망하게 두어서는 안 된다며 이렇게 덧붙였다.

산봉우리가 골짜기로 몰려드는 우레를 막아주는 바람에 골짜기를 위협하게 되는 것처럼, 도시가 시골의 오두막을 위협해서는 안 된다.

그의 의견대로라면 어떤 사람이 시골에 집과 땅을 가진다고 해서 도시에서 일하는 것을 방해하지도 않겠지만, 그렇다고 고용주 멋대로 다룰 수 있도록 해서는 안 된다.

프랑스 사람 누구나 법이나 시민 상호에 의존하지 않고서도 기본적 생계 수단을 갖도록 해야 한다.

이것이 생쥐스트의 뜻이었다. 노동계급을 위해 분명하고 구체적으로 하려던 일이었다. 훗날 헨리 조지[114]가 '단일세'로 노동자를 위해 실현하려던 것이었다. 방토즈 법이 시행되면 많은 대도시 인구가 농촌으로 빠져나갈 것이다. 생쥐스트는 정부의 산업체 투자 법안 연설에서 이를 예견했다. 그는 서로 협력할 수 있는 제조업체의 탄생을 기대했다. 법을 꾸준히 시행했다면 프랑스의 산업은 협동조합 형태로 발전할 만했다.

생쥐스트는 의회 사무국에 이 법안을 제출했다. 이 자리에서 그는 두 가지 명연설했다. 법안들을 읽으면 이제 혁명이 가장 중요한 단계에 올랐다고 직감하게 된다. 혁명의 살아있는 상징이 된 생쥐스트가 고지의 정상에 깃발을 꽂았다. 그는 메아리처럼 울리는 목소리로 두 번째 연설을 마무리했다.

민중의 운명을 자랑스럽게 여기도록 합시다. 1200년 동안 우리 조상이 민중에게 지은 죄를 한꺼번에 갚아봅시다. 모든 유럽 사람에게 알아듣도록 얘기합시다. 프랑스에서 불행하거나 억압받는 사람은 단 한 명도 없기를 바랍니다. 우리는 지상에서 거둔 결실로 미덕에 대한 사랑과 행복을 전파하고 있습니다. 유럽에서 까맣게 모르던 행복을 …….

---

114 헨리 조지 Henry George(1839~1897). 미국의 정치경제학자. 단일세Single tax라는 토지세 주창자. 경제학파 조지주의Georgism에 영향을 끼쳤다. 그는 토지는 자연의 선물로서 모든 사람의 것이라는 토지공개념을 내놓았다. 대표작 『진보와 빈곤』(1879)에서 산업화에 따른 경기 순환과 변동 또 빈부격차 문제에 대안으로서 토지보유세를 검토했다.

법은 만장일치로 가결되었다. 그러나 의회도 원치 않았고 위원회도 원치 않았다. 진심으로 생쥐스트의 제안을 지지한 사람들은 위원회에서 로베스피에르와 쿠통, 또 의회에서 몇몇 의원뿐이었다. 그러나 극도로 불안한 최악의 위기 상황이라 위원회가 승인했고 의회는 통과시켰다. 심각한 민중 봉기를 피하려면 무엇이든 해야 했다. 그러나 위원회도 의회도 법령을 시행할 의지는 전혀 없었다. 의원 다수가 지주 집안 출신이었고 당통과 메를랭 드 티옹빌[115] 같은 의원들은 혁명으로 부자가 되었다. 토지개혁법안은 통과되었지만, 동시에 생쥐스트와 로베스피에르의 운명도 내기에 걸렸다. 이들이 법 시행을 강력히 주장하자 동료들은 그들과 싸웠고 그것은 전쟁이었다. 생쥐스트가 열렬하게 연설했을 때 이미 죽음의 그림자는 스멀거리며 그의 곁으로 바짝 다가왔다.

교육사상

상상력이 풍부한 생쥐스트는 몽상에 빠졌다. 『오르강』은 이미 10대의 불안을 드러낸 몽상이었다. 그리고 유토피아는 흩어진 단편으로 『공화주의 제도』에서 다시 발견되었고 생쥐스트가 극단에서 극단으로 어떻게 갈 수 있었는지 보여주었다. 유토피아는 혁

---

115 메를랭 드 티옹빌Merlin de Thionville(1762~1833). 변호사 출신 몽타뉴 클럽 회원. 국민공회 의원이자 특임위원으로 전방의 라인군에서 활동했다.

명 활동과 거의 관계가 없다. 그가 자신의 꿈을 합법적으로 실현하려 했다고 믿어서는 안 된다. 그를 모욕하는 것이다. 그의 유토피아는 도피하고 싶은 이상세계의 본질을 알려준다는 면에서 흥미롭다. 생쥐스트의 유토피아에서 남성으로 태어나면 어떤 운명을 따르게 될까.

5세에 가족의 품을 떠나 국가에 입양된다. 국가는 아이들을 돌보고 따뜻한 외투를 입히고 채소를 먹여 키운다. 예순이 넘은 스승에게 읽기와 쓰기, 수영을 배운다. 편안하게 지낸 생활을 마치고 10세에 사관학교 비슷한 곳에 입학할 것이다. 그곳에서 농업 수업을 받고 운동을 하며 승마와 언어를 배운다. 언어를 배운 학생은 특히 침묵을 깨우치게 된다. 적게 말하면서도 가장 정확하게 말하는 수사학을 배운 덕분이다. 16세에 직업을 선택해야 한다. 선택한 직업에서 발전은 중요하지 않다. 적성과 소질만 증명하면 어떤 직장에서나 훌륭한 일꾼이 될 수 있다. 21세부터 4년간은 군 복무를 한다. 결혼하고 7년 뒤에도 자녀가 없다면 양자를 입양해야 한다. 그렇지 않으면 이혼은 자동으로 이루어진다. 우정에는 위험이 따른다. 사실, 친구가 죄를 지으면 그를 감싸주지 않을 수 없다. 위험을 감수하는 편이 더 값진 일이다. 누구와도 어울리지 않으면 배척받고 고립되기 때문이다. 아무런 흠결 없이 살았다면 그 사람은 60세에 사람들 앞에서 백색 목도리로 보상받는다. 지역사회 원로가 되어 주민 자치 모임에서 공무원을 자유롭게 감찰할 특권을 받는다.

생쥐스트의 아동 교육 사상은 오늘날 일부 유럽 국가에서 시행하는 제도와 비슷하다. 그러나 이들 국가 지도자들은 유토피아에서 생쥐스트가 그랬던 것처럼 원로에게 사회를 감찰하고 지도할 권리까지 고려하지 않는다. 현대 전체주의 국가에서는 므두셀라[116]도 그러한 요청을 들어주지 않을 것이다. 생쥐스트가 꿈꾼 유토피아에서 행복은 요람에서 무덤까지 국가에 의존한다는 점이 특별하다. 가끔 그는 이런 입장을 밝히기도 했다.

불행을 방지해 준다고 해서 국민이 행복해질 수 있는 것은 아니다. 억압하지 않는 것이 중요하다. 행복과 기쁨은 스스로 찾아야 한다. 통치자에게 자기 행복이 달렸다는 편견에 젖은 국민이 오래 행복할 수 있을까?

생쥐스트는 청소년을 위한 스파르타식 교육을 지지했다. 그러나 로베스피에르가 발의한 법(르펠르티에 법)이 이미 제정되었다. 7세부터 12세까지 모든 소년과 7세부터 11세까지 모든 소녀는 완전히 평등한 조건으로 국가가 교육을 담당한다. 의무 조항은 의회에서 부결되었다. 생쥐스트는 이 조항을 복구할 생각만 했을 것이다.

---

116 므두셀라. 성경의 창세기에 나오는 노아의 할아버지로 969세를 살았다. '그가 죽으면 심판이 온다'는 이름으로 그가 죽은 후 40일 동안 홍수가 내렸다.

〈성자 드니〉, 채색 삽화, 장 부르디숑, 1480? 프랑스 국립도서관.

가톨릭 성자 생드니는 파리의 수호성자. 3세기경 파리 최초의 순교자로서 로마 황제의 명령으로 참수당했다. 그 떨어진 자기 목을 들고 파리 북쪽 교외 프랑스 왕가의 전용 성당인 생드니 바실리카가 서 있는 자리까지 걸어갔다는 전설을 남겼다.

죽음의 대천사

에베르와 당통의 죽음 1794. 3. 24.~4. 5.

대혁명의 진정한 중심은 파리의 가난한 주민들이었다. 이들은 도시의 48개 동(지역구 개념)을 완전히 통제했다. 동마다 무장한 1천여 명을 동원했다. 비상종이 울리고 골목마다 북소리가 울리면 주민들은 창과 화승총을 들고 국민방위대 제복이나 작업복 차림으로 중대나 연대급의 부대로 조직됐다. 얼마 지나지 않아 혁명이 일어날 준비가 되어 있었다.

이런 주민의 자발적 무장세력에 정부(코뮌 집행부)와 의회(국민공회)는 사실상 무방비 상태였다. 에베르와 그 일당은 이들의 불만을 최대 무기로 삼았다. 그러나 무산계급은 방토즈 법을 지지했다. 그들은 생쥐스트의 연설을 몹시 반겼고 의회는 법안을 수천 부씩 인쇄해 배포했다.

프랑스 사람들은 땅에 대한 애착이 남달랐다. 파리 노동자와 장인들은 농촌에서 살기 어려워 파리로 온 사람들이었다. 토지개혁법으로 밭 한 뙈기나마 갖게 된다니 얼마나 든든한 조치인가!

생쥐스트야말로 그들에게 진정한 혁명가였다. 왕정파들이 공포 정치를 비난하자 당당하게 받아쳤던 생쥐스트를 기억했다.

> 당신들은 해마다 1만 5천 명이 넘는 밀수꾼을 교수대로 보내지 않았 나. 3천 명은 중형에 처했고 왕정 치하에서 40만 명에 달하는 사람들 이 감옥에 있었다. 우리는 그 정도로 많지 않았다.

과장은 좀 있었지만, 누구도 생쥐스트의 말을 반박하지 못했 다. 그는 대담무쌍한 지도자였다. 민중은 너도나도 그를 보러 의 회로 몰려갔다. 위풍당당하게 젊고 잘생긴 생쥐스트가 나타나자 열광하고 환호했다. 지방에서는 도시만큼 열광적이지는 않았다. 나중에 지방 자치 단체들이 법에 준거하여 무소속 공화당원 등록 을 요구하자 지방 사람들은 거부했다. 명단에 오른다는 것은 그 들에게 좋은 말이 아니었다. 과거에는 새로운 부담을 씌우기 위 해서 조사목록을 만들었다. 새로운 전망은 당통과 에베르 일당의 욕망을 충족시키기에는 당치도 않았다. 다만, 방토즈 법이 어느 정도 자신들의 디딤돌로 삼을 수 있다는 점은 인정했다.
비로소 불행한 사람들의 운명을 근본적으로 바꿀 최초의 법 이 나왔다. 처음으로 혁명은 국가의 경제구조에 침투할 것이다. 로베스피에르와 생쥐스트를 시원스레 지지하지 않은 에베르 일 당은 얼마나 어설프던가. 그들은 법 시행으로 촉발될 저항을 분 쇄하도록 돕지도 않았다.

혁명과 반혁명의 폭력

당통계는 방토즈 법에서 자신들의 정책에 유익한 접점들조차 이해하지 못했다. 법대로라면 무고한 수감자들을 즉시 석방할 수 있었지만, 왕정파의 재산 압류와 강제 수용에 동의하지 않았다. 왕정파의 반혁명적 폭력을 피하고 정상적인 정부로 복귀할 확실한 대안도 내놓지 못했다. 무슨 속셈이었을까? 당통의 친구 가라[117]는 이런 말을 했다. "당통은 용의자들을 무조건 석방하고 망명자들의 귀국도 허용하고 싶어했다." 테르미도르 반동 이후에 방토즈 법을 일부 시행했지만, 결과는 예상과 어긋났다. 노디에는 말했다. "9월 2일 학살의 기나긴 연장이었다. 매일 되풀이되었다."

당통의 뜻을 따르지 않았다며 로베스피에르와 생쥐스트를 비난하는 사람들이 있다. 그를 따랐다면 어떻게 되었을까? 혁명의 폭력과 반혁명의 폭력 가운데 하나를 선택하는 셈일 텐데, 반혁명의 폭력으로 되돌아가는 길이다. 그랬다면 역사 앞에 명성은 높였겠지만, 모든 원칙을 극명하게 내팽개친 것이 아니었을까?

방토즈 법으로 과격파의 난동 종식에는 실패했지만, 에베르계에 큰 타격을 입혔다. 이때부터 에베르는 파리 민중의 지지를 기대할 수 없었고 적개심과 울화통은 커져만 갔다. 그에게는 파

---

117 가라Dominique Joseph Garat(1749~1833). 법무장관이자 내무장관.

〈자크 르네 에베르〉, 판화, 프랑수아 본느빌, 1796, 프랑스 국립도서관.

〈당통 초상〉, 유화, 콩스탕스 샤르팡티에, 1792, 카르나발레 박물관.

리에 '코르들리에 클럽'[118]이라는 혁명단체가 있었다. 코르들리에 수도원 건물에서 처음 발기회를 열었기 때문에 같은 이름으로 불렀고 건물은 에콜 드메디신 길에 남아 있다. 코르들리에는 항상 혁명의 최전선에 있었고 자코뱅 클럽을 능가하는 혁명적 열의를 지녔다. 마라와 당통, 데물랭이 회원으로 가담했으나 마라가 사망하자 당통과 데물랭은 탈퇴했다.

전통에 충실했던 남은 회원들은 폭력적 발언을 급진주의와 혼동했다. 파리 대표에게 보낸 『외무부 공보』를 읽었다면, 그리고 극단적인 감정을 야기하는 선동 주도자에게 내린 지침을 읽었다면 좀 더 신중했을 것이다. 당장은 그들의 열정은 에베르계로 향했다. 에베르는 코르들리에 회원들에게 봉기를 호소했다. 회원들은 열광적인 박수로 화답했지만, 막상 에베르는 등골이 오싹했던 모양이다. 비겁한 그는 위원회 사람들, 특히 생쥐스트가 가만히 있지는 않을 것이라 예상했다. 반란이 실패하면 자신과 동지 모두 죽을 목숨이었다.

반란은 없었다. 혁명적 조치로 유익한 선물을 준 정부에 민중이 어떻게 반기를 들까? 파리의 노동자들도 이해하지 못했다. 선동의 종소리와 북소리는 울리지 않았고 주민들은 무장하고 뛰어나와 집합하지 않았다. 에베르계는 절망적인 대책만 남았다.

---

118 코르들리에 클럽le Club des cordeliers. 1790년 4월 27일 출범한 정치 클럽. 자코뱅 클럽의 경쟁 단체.

그 무렵 로베스피에르는 한동안 앓아누워있었다. 주치의 수베르비엘[119]이 수감자 학살이 준비되고 있으며 곧 닥칠 거라고 귀띔했다. 로베스피에르는 극도로 흥분했다. 열에 들떠서 방안에서 서성거렸다. 말이 격하게 새어 나왔다. "혁명이 끔찍한 꼴이 되다니……. 아직도 피를 흘리고……. 지금까지 흘린 것만으로 부족한가? 공화국이 제 몸을 뜯어먹어야 한단 말인가?"

1794년 3월 13일, 로베스피에르는 생쥐스트와 만났다. 코르들리에가 반란을 획책한 지 1주일 만이다. 생쥐스트는 의회 연설에서 왕정파의 재산을 몰수해 무산자들에게 분배하겠다는 정부(자신과 로베스피에르의)의 해법을 단호히 재확인했다.

 악당의 땅을 빼앗아 모든 불운한 동포들에게 나누어준다면 당신이 혁명을 일으켰다는 것을 인정한다.

그는 에베르와 당통 일당 모두에게 손가락질했다. 이어서 에베르를 콕 찍어 말했다.

저들은 같은 지평선 위에 갖가지로 뭉실대며 몰려드는 먹구름 아닙니까. 서로 우르릉 쿵광 좌충우돌하면서 민중을 후려치려고 난리를

119 수베르비엘Joseph Souberbielle(1754~1846). 외과 의사. 로베스피에르의 친구. 바스티유 함락 때 부상자를 치료했고 국내외 전쟁터에서 많은 인명을 구했다. 혁명재판소 배심원으로 마리앙투아네트와 당통 재판에 참여했다.

부리지 않습니까! …… 글과 양심을 팔아먹는 흉악한 자가 있습니다. 희망에 부풀거나 불안에 떨 때마다 색깔을 바꿉니다. 양지바른 곳으로 기어오르는 카멜레온처럼!

생쥐스트는 단 한 명의 이름도 거론하지 않고 애매하게 죄인을 처벌하겠다고만 발표했다. 그날 밤, 에베르계 수뇌부 전원이 체포되었다. 처형장으로 향하는 영웅에게 연민은 필요 없다. 누구나 죽기 마련이다. 영웅이라면 죽을 때 자신을 인정하지 않는 사람들을 원망할 수 있을 뿐이다. 광신도라면 자기 신념에 따라 순교자가 되는 대관식을 치른다는 자만에 취하지 않던가. 냉소주의자라면 죽음조차 별것 아니라는 듯 무시하기도 하겠지만…….

영웅이 아닌 겁쟁이의 최후는 민망한 구경거리에 불과하다. 기사를 쓸 때마다 죽음이라는 단어를 빠트린 적이 없던 에베르는 그렇게 번번이 자신이 가리키던 유령을 차마 직시하지 못했다. 그는 누누이 "뒤셴 영감이 몹시 분개한다"라고 썼지만, 실지로 자기 차례가 오자 분개하지 못했다. 공포로 창백하게 질린 채 수레 바닥에 주저앉았다. 그는 단두대에 올라야 했다.

그날 정부는 사실을 하나 확인했다. 에베르 일당의 처형을 참관한 군중은 평소처럼 극성맞거나 죄인들을 쫓아다니며 욕설을 퍼붓는 무리가 아니었다. 엘리트 집단이었고 당통계 지지자들이었다. 그들은 과격한 에베르 일당의 숙청을 보면서 반혁명의 시대가 시작되었다고 믿었다.

형의 집행을 맡은 상송[120]은 참관자들에게 진짜 구경거리를 보여주었다. 세 번, 칼날을 바로 목덜미 몇 센티미터 직전 아찔하게 멈췄다가 머리를 내려쳐 바구니 속으로 굴러 떨어뜨렸다!

혁명 동지들의 부패

오랫동안 동지였지만, 로베스피에르와 당통은 이제 양극단에서 대립했다. 비요바렌과 바디에[121]에 따르면 처음에는 로베스피에르는 당통의 체포를 완강히 반대했다. 그러다 차츰 그의 유죄를 확신하면서부터 애인에게 배신당한 여자처럼 당통에게서 돌아섰다. 데물랭에 대해서는 그를 죽게 한 것을 가슴 아파했을 뿐이다.

로베스피에르와 데물랭은 (루이 르그랑 중학교) 동창이었다. 같은 의자에 앉아 공부했고 함께 운동장에서 뛰어놀고 나중에는 뒤플레시스 자매에게 환심을 사려고 경쟁했다. 로베스피에르는 언니에게 구애했다가 퇴짜를 맞았지만, 동생 뤼실과 데물랭의 결혼식에서 증인을 섰다. 로베스피에르는 데물랭의 신혼집에 자주 드나들었고 아기의 재롱을 받아주곤 했다.

---

120 상송Charles-Henri Sanson(1739~1806). 프랑스 혁명 시기의 사형 집행인. 루이 16세와 마리 앙투아네트, 에베르, 데물랭, 당통, 라부아지에, 로베스피에르, 생쥐스트, 쿠통 등의 처형을 집행하였다.
121 바디에Marc-Guillaume-Alexis Vadier(1736~1828). 정치가. 무서운 '종교재판장'이라고 불렸다. 국민공회 의원과 치안위원장을 역임했다.

쉽게 잊기 어려운 우정이다. 하지만 데물랭계를 건드리지 않고서는 당통 일당을 칠 수 없는 상황이었다. 우선 건드리지 말자는 소리가 높았다. 로베스피에르는 자코뱅 클럽에서 데물랭을 옹호했다. 그런데 절대로 부패할 리 없는 로베스피에르는 어떤 대가를 치르더라도 공정성을 유지해야 했다. 인간적인 고뇌가 깊었을 테지만, 친구를 구했더라도 훗날 비난받지 않았을 법하다.

처음에 데물랭을 구하려고 갖은 애를 썼다. 생쥐스트가 위원회에서 당통 일당을 고발했을 때 로베스피에르는 신중하게 검토했다. 혼자 방에서 등잔불을 켜놓고 굳고 창백한 얼굴로 쉼 없이 숙청자 명단을 검토했다. 당통에게는 무자비하게 굴었지만, 데물랭에 대한 고발 내용을 읽게 되자 로베스피에르는 마음이 흔들렸다. 기대하면서 노골적으로 옹호하는 글을 썼다. 누구에게 전하려고 했을까? 틀림없이 생쥐스트에게 보여주려고 했다.

편파적이라 비난받지 않고 어떻게 두둔할 수 있겠어? 너라면 그럴 수 있겠지. 제발 나 대신 그렇게 해주게. 그가 죽지 않기만 바라네.

혁명광장에 서 있는 자유의 여신상은 허공을 바라보며 그의 호소에 더는 귀 기울이지 않았다. 생쥐스트는 로베스피에르도 자신조차도 공화국이 위태롭던 순간부터 아무도 너그럽게 봐주지 않았다. 생쥐스트는 '로마 사람'이었다. 로베스피에르에게 한 답변은 당통 일당에 대한 그의 연설에 담겨 있다.

신성한 혁명 정신에는 무서운 면이 있습니다. 너무 배타적이어서 모든 것을 무자비하게 희생시킵니다. 두려움도 인간 존중도 없이 말이죠. 사사로운 감정은 제물로 바칩니다!

데물랭이 자신의 체포령을 생쥐스트가 주동했다고 한 말은 사실이었지만, 개인적인 적대감으로 숙청하려고 했다고 비난한 것은 잘못이다. 혁명의 대의를 위한 결단이었을 뿐이다. "의회에서 모르는 사람 있어? 저기 서 있는 생쥐스트가 다섯 달 전에 내 신문의 가벼운 농담을 꼬투리 삼아 가차 없이 나를 후려쳤잖아. 나는 저를 유쾌하게 소개했는데 나를 단두대로 올렸잖아!" 데물랭이 농담으로 했다는 그 기사를 보자.

누구 이후로 의원들 가운데 자기 생각을 가장 중요하게 생각하는 의원이 생쥐스트라지요. 자기 머리를 공화국의 초석으로 여기고 존경심을 가지고 아주 소중히 어깨 위에 걸치고 다닌다고 하지요.

"내가 그의 목을 생드니처럼 들고 있게 될지 모르니 조심해야 할걸!" 풍자 기사를 읽은 생쥐스트가 이렇게 짧게 한마디 했다고 하는 말은 믿기 어렵다. 우선 데물랭이라면 그런 말을 놓치지 않았을 것이다. 그다음에 생쥐스트가 단지 그 사람을 조롱하기 위해서 옛 동지를 형벌에 처할 리 없다. 생쥐스트는 라코스트에게 훨씬 더 심한 모욕을 당했을 때도 자존심을 누르고 위원회에 이렇게 썼던 사람이다. "지금은 조국의 안위를 생각할 때 아닙니까!"

고독한 '죽음의 대천사'

3월 30일과 31일 밤 동안, 공안위원회 집무실에서 생쥐스트는 당통계에 반대 입장을 분명히 했다. 촛불로 밝힌 책상에 홀로 앉아 급하게 서류를 작성했다. 도시는 잠들어 고요했다. 긁적이는 펜 소리만 들렸다. 어둠 속에서 촛불은 미슐레가 '죽음의 대천사'라고 이름 붙인 남자의 머리를 후광으로 감쌌다. 생쥐스트가 당통을 기소한 주요 혐의는 공화정을 전복시키고 왕정을 복원하려 한다는 것이었다. 충분히 근거 있는 주장이었다. 에스파냐 대사가 지난해 6월 쓴 편지가 발각되었다.

우리가 두려워하는 것은 공안위원회를 물갈이하는 것입니다.

부르봉 왕조의 에스파냐 주재 대사가 물갈이를 걱정한 위원회는 당시 당통이 주도했다. 편지는 당통이 공화정을 배신했다는 숱한 증거 중 하나였다. 역사가들은 생쥐스트가 제기한 다른 혐의들도 모두 확인했다. 예를 들면, 미라보와 궁정의 뒷거래에 당통이 연루되었다는 비난이다. 미라보가 라마르크에게 보낸 편지와 왕실 밀정 탈롱이 선서한 증언으로 이 혐의를 뒷받침했다.

튈르리궁 습격 전날 당통이 보인 모호한 태도도 밝혀졌다. 데물랭의 아내 뤼실은 반박할 수 없는 증거를 신문에 제시했다. 그 후 라파예트 장군을 비롯한 몇몇 인물은 당통의 모호한 처신을 그럴듯하게 설명했다. 다른 사람들처럼 당통도 매수당했다. 대부분의 역사가는 뒤무리에 장군이 이적행위를 할 당시 당통과 공모했다고 설명한다.

공모가 인정되자 사람들은 기소 사실을 듣고 경악했다. 당통과 그 친구들이 외국 대사에게 매수되었다니 있을 수 없는 일이었다. 당통계도 스스로 혐의를 굳혔다. 당통과 친한 파브르 데글랑틴은 당통의 또 다른 친구 에로 드세셸을 외국의 밀정이었다며 정식으로 고발했다. 모두 그 고발을 사실로 믿었다.

에로도 같은 혐의로 그들을 반격할 수도 있었다. 당통의 서류에서 외무부에서 파리의 금융업자 페르고에게 보낸 편지를 발견했다. 선동꾼 용역 고용자들에게 지불할 돈 문제에 관한 사연이었다. 파브르 데글랑틴의 당통계 측근과 또 다른 당통계의 인물이 반박하는 증언 등이 복잡하게 얽혀 있어 결백을 입증하지 못한다면 추문과 말썽의 소지가 다분했다.

한편, 생쥐스트의 보고서와 나중에 찾아낸 자료들을 비교해보면 떠오르는 의문이 있다. 오래전부터 증거가 차고 넘쳤는데 왜 더 일찍 당통을 체포하지 않았을까? 로베스피에르는 1793년 12월까지 공개적으로 그를 변호할 만큼 어떻게 아무것도 몰랐을까? 확증은 없었지만, 당통에 대한 강력한 추정들이 있었다. 심각한 상황에서 나라의 운명을 쥔 사람이 사사로운 감정으로 체포를 지연할 권리는 없었다. 유죄판결을 받은 후 당통은 이렇게 소리질렀다고 한다. "내가 로베스피에르를 끌고 가겠어!"

로베스피에르는 바로 당통을 체포했어야 했는데 너무 오랫동안 그를 두둔했다. 클레망소라면 그렇게 처신하지 않았을 것이다. 당통의 측근 중 하나가 "당통의 피로 네 숨통이 막힐 거야!"라고 폭언했다는데, 이는 정치적이라기보다 극적인 의미에 불과하다. 사실, 당통 때문에 로베스피에르는 쟁쟁한 공화파 의원들의 반감을 샀다. 비요바렌과 바디에는 당통을 비호하고 너무 오랫동안 그의 체포에 반대했다며 로베스피에르를 비난했다. 물론 그렇게 함으로써 생쥐스트와 갈등을 빚었다.

긴박한 공안위원회

생쥐스트가 고발장을 작성하는 동안 공안위원들이 하나둘씩 회의실에 도착했다. 모두 17명이었다. 로베스피에르는 결단하기까지 속을 끓이며 고민한 얼굴이었다. 테르미도르의 반동 이후(생쥐스트의 사후) 당당하게 당통을 체포하라고 처음 요구한 사람이 자신이라며 자랑하게 될 비요바렌이 그곳에 있었다. 정부가 무너진 후기가 꺾일 카르노도 있었고 손을 비비며 "이제 이 대왕 넙치 같은 놈의 터질 듯한 배때기를 가를 때일세!"라는 말을 몇 번씩 되풀이한 간사한 바디에도 있었다. 그리고 온화한 표정의 쿠통과 체포를 홀로 반대했던 렝데, 그리고 바레르와 콜로, 르바 등이 자리를 지켰다. 모두 생쥐스트가 문서를 끝내기만 기다렸다.

벽난로의 장작불과 희미한 횃불이 타올랐다. 두 불빛으로 혁명 투사들의 으스스한 그림자들이 너울대었다. 모두 앉거나 서 있었다. 짜증스럽고 초조한 듯 회의실에서 우왕좌왕했다. 벽에는 거대하게 늘어진 그림자가 드리워져 있었고 벽난로의 화염은 천장을 비췄다. 누구 하나 입을 떼지 못한 채 생각에 골몰했다.

모두 당통의 힘을 알았다. 그는 왕정파와 거부들, 원한이 가득한 에베르의 동지들, 정권이 끊임없이 강요하는 희생에 진절머리 치던 사람들에게 지지받았다. 모두 당통을 따라 '삶을 즐기고' 싶어 했다. 이에 비해 정부가 기대하는 지지 세력은 활동적이고 잘 조직된 소수의 노동자와 직인, 소시민이었다. 그들은 당통이 때를 노려 선공할지도 몰라 단호하게 선수를 치고 나갔다. 승리를 장담하기 어려웠다.

마침내 문이 열렸고 생쥐스트가 고발장을 들고 회의실로 들어왔다. 모두 요란하게 걸상 끄는 소리를 내며 탁자 곁으로 모여 앉았다. 생쥐스트는 벽에 걸린 횃불을 꺼내 들고 문서를 읽기 시작했다. 2시간 가까이 낭독했다. 당통의 이름이 나오자 그는 의회에 호소하는 화법을 버리고 직접 당통을 겨냥했다. 낭독을 끝낸 생쥐스트는 체포 동의안을 표결에 부치기 전에 피고인들에게 변호할 기회를 주자고 요청했다.

격론이 벌어졌다. 왜 당통만 특권을 주나? 생쥐스트는 지롱드 회원들이 뒤무리에와 공모 건으로 당통을 고발했을 때 벌어졌던 일을 잊어버렸나? 곧 체포될 상황에서 당통은 뛰어난 연기로 분개하며 자기를 방어했다. 체포는커녕 의회에 발을 들여놓았다. 오히려 의회가 자신을 공안위원으로 선출하도록 했다.

평소 그렇게 의심이 많던 마라도 속아 넘어갔다. 그리고 이번에는 의회가 어떻게 반응할까? 그가 애국심에 들끓는 장광설에 뛰어든다면, 그의 지지자들이 의회로 몰려와 떠들썩한 시위를 벌인다면? 아니, 차라리 국민공회는 기정사실을 주장하는 것이 더 낫다.

생쥐스트는 격분했다. 당통을 견제하려는 은밀한 욕망을 억누르지 못했다. 단 한 번의 공개적인 싸움에서 정면 대결을 벌이려 했다. 로베스피에르는 그를 지지했다. 논쟁이 불붙었다. 몇몇 위원들이 일어섰다. 격노한 생쥐스트는 주먹으로 책상을 쳤다. 모자를 벗어 벽난로 속에 집어 던지고[122] 문을 박차고 나갔다.

로베스피에르가 생쥐스트의 주장을 이어 발언하려고 하자 바디에가 가로막았다. "단두대에 오르고 싶나? 그랬으면 좋겠어? 나는 그들을 당장 체포해서 한시라도 빨리 위험에서 벗어나고 싶네. 환상을 품을 수 없어. 저들을 단두대로 보내지 않으면 우리 차례가 된단 말이야?" 로베스피에르는 아무 말도 하지 않았다.

---

[122] 나폴레옹도 기분이 나쁘면 모자를 집어 던지곤 했다. – 코른골트

잠시 후 흥분을 가라앉힌 생쥐스트가 회의실로 들어왔다. 바레르가 종이 한 장에 체포 명령서를 작성하기 시작했다. 누군가 커튼을 젖히고 촛불을 껐다. 날이 밝아왔다. 난롯불도 거의 사그라들었다. 위원들의 안색도 한결 누그러졌지만, 높은 창문으로 들어오는 햇빛으로 더욱 지치고 날카로워 보였다.

바레르가 영장 작성을 끝내고 큰 소리로 읽었다. "의회 의원 당통과 들라크루아, 필리포, 데물랭을 즉시 체포해 뤽상부르 감옥으로 보낸다. 파리 시장이 영장을 집행한다." 의회에 긴 침묵이 흘렀다. 비요바렌이 먼저 펜을 쥐고 서명했다. 바디에가 그 뒤를 따랐고 카르노에 이어 르바, 루이, 콜로 데르부아가 생쥐스트에게 펜을 넘겼다. 로베스피에르가 뒤에서 두 번째로 서명했다. 랭데는 거절했다.

튈르리 정원에서 새들이 지저귀고 새싹들이 돋았다. 나뭇가지에서 꽃도 피기 시작하고 잔디는 이슬방울로 반짝였다. 봄이었다. 그러나 '삶을 그토록 사랑하는' 당통과 동지들이 보았던 마지막 봄이었다. 바디에의 두려움은 현실로 다가왔다.

당통의 죽음

"다시 한번 대담하게! 항상 대담하게!" 당통은 누누이 떠들었다. 나라를 위해 그렇게 대담하자던 사람이 자신만 위하다 라파예트 꼴이 되었다. 라파예트는 확실한 소식통으로부터 당통이 궁정과 밀통한다는 것을 알았고 당통도 알고 있다는 사실도 알았다. 이런 상황에서 라파예트는 '민중의 미라보'가 감히 자신을 공격하지 못하겠다고 생각했다. 착각이었다.

국왕 가족이 도피한 다음 날, 라파예트와 측근들은 자코뱅 클럽으로 갔다. 마침 연설 중이던 당통이 라파예트를 보고 갑자기 불렀다. "왕이 도주하지 못하게 하겠다고 장군께서 목숨을 걸고 약속했잖소! 그 약속을 지키러 오셨소?" 당통은 자신의 입상에서 보인 몸짓으로 라파예트 일행에게 손가락질하며 고함을 쳤다. "내가 굳이 증명해야겠소? 저들이 목을 바쳐야 할 만큼 반역했다고? 아니면 내 목을 단두대로 올리든가!"

자신만만한 당통의 태도에 라파예트는 말문이 막혔다. 왕실 친구들의 안전을 위해 그의 밀통을 까발릴 수도 없었다. 그 사실을 알았던 당통은 당연히 라파예트를 공격했다. 그날 당통은 그의 인생에서 가장 웃기는 코미디를 보였다.

당통은 재판에서도 코미디를 했다. 어처구니없을 만큼 자신만만하게! 그는 정부가 내놓을 만한 카드가 몇 장 안 된다는 것을 잘 알았다. 나중에 당통이 반박 못할 증언을 한 사람들(라파예트, 탈롱, 베르트랑 드몰빌, 미란다, 테오도르 라메트, 샤르트르 공작)은 그 자리에 없었다. 미라보가 라마르크에게 보낸 사실을 폭로한 편지는 아직 발각되기 전이었다. 당통의 문건에서 찾아낸 외무부 명의로 금융인 페르고에게 보낸 편지는 그가 공식 임무를 수행하는 중이었기 때문에 논쟁거리로 삼지 못했다.

이런 사정을 낱낱이 꿰고 있었던 당통은 즉시 역공을 취했다. 그의 지지자들이 떼 지어 몰려왔다. 법정에서 몰아치는 폭풍처럼 우렁찬 당통의 목소리가 터져 나오는 동안 지지자들은 법정 안에서 밀고 복도를 혼잡하게 만들며 이웃 거리로 몰려나왔다. 푸키에 탱발이 급히 위원회에 쪽지글을 전했다.

재판이 시작되자마자 우레 치듯 무서운 목소리가 터져 나왔다. 길길이 날뛰는 야단법석은 이루 말할 수 없다.

거의 같은 시간에 수감자들을 석방하려는 음모가 밝혀졌다. 이런 상황에서 생쥐스트는 관대한 모든 태도를 포기하게 된다. 그는 의회에 출석하여 혁명재판소에 특별 권한을 요구했다. 희망이 사라지자 당통은 스스로 적들의 먹잇감이 되는 길을 택했다. 비극적이었지만, 위엄을 잃지 않았다.

그는 무절제하게 욕구에 휘둘리는 사람이었지만, 마음속에 고상함은 남아있었다. 강하고 현실적인 인물들에게서 항상 볼 수 있는 모습이다. 힘이란 여건에 따라 다양한 형태로 나타난다. 큰도둑大盜이 영웅이 될 수도 있고 영웅은 큰 도둑일 수도 있다. 나약함은 쓸데없고 선과 악 어느 편도 아니다.

당통에게 영웅 같은 면이 있더라도 혁명기 전체를 통틀어 가장 불길한 인물로 볼만하다.[123] 정파와 관계없이 모두 그의 유죄를 인정했다. 테르미도르의 반동 이후에도 의회는 당통의 명예 복권 제안을 만장일치로 거부했다. 생제르맹 광장에 있는 당통 기념상은 낭만에 사로잡힌 역사가들과 전기작가들이 상상으로 그려본 모습이다. 데물랭은 악동처럼 죽음을 맞았다. 사람들이 그를 동정했다지만, 플뢰리가 했던 말을 되풀이할 수밖에 없다.

죽을 줄도 모르고 그는 왜 이런 안 좋은 일에 껴들었을까?

---

123 알베르 마티에는 당통의 이중성의 증거를 일일이 확인했다. 프랑스대혁명의 역사가 루이 블랑을 비롯한 여러 사람이 찾아낸 방대한 물증에 중요한 추가적 물증을 더했다.

〈플뢰뤼스 전투에서 사용한 기구〉, 당대의 석판화.

북동부 전선에서

플로뤼스 전투 1794. 4.~ 6. 26.

1794년 4월 28일, 6두 마차가 상리스[124]로 달리고 있었다. 생쥐스트와 르바는 북군과 동군이 있는 전선으로 가는 중이었다. 고향 친구 튀이에가 동행했다. 가장 강한 전선에서 적에게 결정타를 입히려고 정부는 생쥐스트에게 작전 감독을 맡겼다. 신록으로 물들어 푸른 풍경과 달리 생쥐스트는 고민으로 주름이 깊었다. 우울한 이유가 있었다. 르바의 누이동생 앙리에트와 파혼했다. 헤어진 이유는 무의미해 보인다. 앙리에트의 냉랭한 태도에 생쥐스트는 깊이 상심했고 "죽고만 싶다"라고 했다.

29일 저녁, 마차는 영국군이 잔다르크를 생포했던 콩피에뉴 입구에 도착했고 5월 1일, 누아용을 통과했다. 그곳에서 쓴 편지

---

124 상리스Senlis. 콩피에뉴로 이어지는 방대한 숲 주변에 훌륭한 사냥터와 매우 빼어난 고딕 대성당이 있다.

가 떠오른다. 당시 혼란에 빠진 생쥐스트는 도비니에게 편지를 썼으나 부치지 않았다. 블레랑쿠르가 근처라 생쥐스트는 르바를 먼저 임지로 보내고 튀이에와 함께 가족을 만나기로 했다.

생쥐스트가 고향마을을 떠난 지 벌써 스무 달쯤 지났다. 잠깐 사이에 얼마나 많은 사건을 겪었던가! 이름 없는 변호사로 떠났던 그가 이제 공화국의 어엿한 지도자 반열에 올라 돌아왔으니 금의환향이었다. 유럽 전역에 쟁쟁하게 이름을 날리는 인물들과 대적하면서, 세상이 존재조차 몰랐던 자신이 거물들과 겨루어 골리앗을 쓰러트리듯 하지 않았나. 브리소와 에베르 또 당통, 그때 그들은 어디에 있었을까? 삼색 깃털을 흔드는 바람이 아무도 쳐다보지 않는 그들의 무덤을 쓸어버리고 있었겠지!

잔다르크 길과 슈에트 길모퉁이에 서 있는 고향 집은 변함없었다. 아버지가 딛고 오르내리던 문간의 돌계단과 낮은 창문들도 그대로였다. 누이동생들은 시집가고 어머니 혼자 살았다. 어머니는 자랑스러운 아들을 감격하며 부둥켜안았다. 당대 최고 권력자 중 하나라는 생각에 당연한 자부심을 느꼈고 이웃 사람들이 유명한 아들에게 몰려와 너도나도 악수하려고 서두르는 모습을 보았다. 하지만 어머니는 어떤 예감이 들지 않았을까. 정말 용감하고 정말 멋진 아들은 석 달 뒤에는 조국의 찬탈자요 배신자로 손가락질받으며 석회를 뒤집어쓰고 구덩이에 던져질 것이다.

거실 벽에 아버지의 초상이 걸려있었다. 근엄하고 얇은 입술에 한 손을 조끼에 찔러넣고 생루이 기사단의 십자기장이 번쩍이는 제복 차림이다. 야심만만한 아버지, 비록 출셋길이 막혔지만 가문에서 처음으로 군인이던 아버지. 이제 아들이 아버지 뒤를 잇고 있었다. 아들은 유럽 세 나라의 최강 군대를 굴복시킬 군대를 지휘하려고 나서는 중이었다.

생쥐스트는 정원을 한 바퀴 돌아보았다. 책을 읽고 생각에 잠겼던 소사나무 그늘에 본능적으로 발길을 멈췄다. 불쑥 루이즈 생각에 사로잡혔다. 그녀는 마을 한구석에서 혼자 살았다. 어쩌면 유혹이 그를 스쳐 지나갔을지도 모른다. 여론을 무시하고 다시 그녀를 보러 갈 수도 있지 않았을까? 란다우 전투에서 보여준 용기를 여기에서는 내지 못했다. 은둔 생활했어도 루이즈는 그의 귀환을 알았을 것이다. 자신을 보러 오리라 기대고 안 했겠지만, 그가 머무는 동안 루이즈는 벅찬 가슴만 조였을 것이다. 생쥐스트가 떠났다. 루이즈도 블레랑쿠르도 그를 다시 볼 수 없었다.

벨기에 전선의 분전

전선은 벨기에 국경을 따라 제멋대로 길게 뻗어 있었다. 아군의 보급과 규율은 형편없었다. 알사스처럼 배신행위를 하는 자들이 있다면 큰일 날 판이었다. 생쥐스트는 사령부에 도착하기 무섭게 "배신자들로 감옥을 채우느니 묘지를 채워야겠지!"라며 분노하며 큰 소리로 꾸짖었다.

생쥐스트는 임무 수행에 돌입했다. 카르노와 원정 계획부터

〈플뢰뤼스 전투〉, 유화, 장바티스트 모제스, 1837, 베르사유궁 박물관.
백마를 타고 검을 치켜든 인물이 주르당 장군. 장군의 왼쪽의 흰목도리를 두른 인물이
특임위원 생쥐스트.

세웠다. 생쥐스트는 지역방어를 선호했다. 적은 랑드르를 점령 중이었는데 카르노는 아베른 전방에서 후퇴하라고 권고했다. 하지만 생쥐스트는 적이 점령한 프랑스 도시들을 건너뛰어 후방에 남겨두고 역공하자고 했다. 이런 작전 계획은 나중에 전령을 보내 카르노의 동의를 받았다.

생쥐스트는 명령을 거부하기도 했다. 카르노가 주르당[125] 장군의 병력 1만 8천을 차출하자고 했을 때였다. 생쥐스트는 원정의 작전계획뿐만 아니라 수행의 책임도 있었다. 전투 중에 명령은 야전사령관이 하지만, 생쥐스트는 명령 변경이나 심지어 취소할 수 있었다. 이런 특권을 그는 종종 사용했다. 모든 장교를 해임, 체포하며 모든 부단장을 승진, 강등, 전근시킬 수 있었다. 말하자면 야전군을 총감독하는 특임위원으로서 조처했다.

모든 점에서 그가 20만 대군의 실질적인 총사령관이었다. 나폴레옹도 그의 나이에 이런 규모의 군을 지휘할 기회는 없었다. 같은 특임위원이던 르바도 생쥐스트의 명령을 따랐다. 카르노가 작성한 위원회의 칙령대로 생쥐스트는 영불해협에서 라인강까지 모든 군대를 감독했다. 전쟁이 발발하자 혁명 당국이 한 사람에게 맡기는 가장 중요한 군사 임무였다.

생쥐스트는 알사스에서 했던 것처럼 기강부터 잡았다. 부대

---

125 주르당Jean-Baptiste Jourdan(1762~1833). 프랑스 혁명군이 가장 고전한 시절 많은 전투를 승리로 이끌었다. 훗날 나폴레옹 제국군의 원수에 올랐다.

에 있던 여자들부터 쫓아냈다. 여자를 숨기다 발각된 병사는 즉시 총살했다. 승리의 비결은 강철 같은 규율뿐이라고 훈시했다.

당시 생쥐스트는 '벨기에의 열쇠', 군사요충지 샤를루아를 확보하려고 했다. 샹브르강[126] 건너 모뵈주 북쪽에서 샤를루아로 진격할 계획이었다. 적군은 강 건너편 보루에서 완강히 버티고 있었다. 협공당할 위험이 있어 작전을 바꾸기도 난처했다. 장군들과 특임위원들은 작전을 포기하자고 했다. 생쥐스트는 밀고 나가자고 고집했다. 강을 건너려고 다섯 차례 시도했지만, 큰 타격을 입고 후퇴했다. 그때마다 생쥐스트를 설득했으나 소용없었다.

나폴레옹이 메테르니히에게 했던 말이 있다. "내 한목숨은 한 사람 몫이 아니야. 백만 명 몫이라고!" 생쥐스트도 그와 비슷한 상황에서 많은 병사를 희생시켰지만, 그렇게 끈질기게 공격하지 않았다면 샤를루아 점령도 또 원정전에서 가장 중요했던 플뢰뤼스 전투도 승리하지 못했을 것이다.

5월 20일, 마침내 프랑스군은 강을 건넜다. 참호에서 백병전을 벌였고 비가 억수로 쏟아지는 바람에 전투가 끝났다. 적군은 주변 숲으로 흩어져 숨어들었고, 아군은 적을 밀어낸 보루를 점령했다. 생쥐스트는 '적이 우리에게 맞춰 지은 보루'라고 했다. 그는 우측에 에르클린 마을을, 좌측에 기병대를 붙여두고 진을

---

126 『보물섬』의 작가 로버트 루이즈 스티븐슨은 친구와 작은 보트로 브뤼셀에서 샹브르강을 타고 프랑스로 내려갔다. 『북부 강들의 보트 여행』을 남겼다.

쳤다. 어두워지자 야영지에 장작불을 밝혔다. 병사들은 기습을 두려워하며 축축한 땅에서 뜬눈으로 밤을 새웠다.

　아침 8시, 적의 포성이 울리자 전투가 다시 시작되었다. 보병과 기병은 거대한 전열을 갖추고 평야로 진격했다. 대포도 미친 듯 울어댔고 기병대는 적진에서 접전을 벌였다. 기세가 꺾인 오스트리아 기병대는 후퇴했다. 적의 연합군은 프랑스군을 진지에서 밀어내는 작전을 걸었다. 이에 맞서 생쥐스트는 지원군을 기다리며 완강하게 진지를 지켰다. 6시간 동안 치른 치열한 전투 끝에 적군은 퇴각 나팔을 불었다. 1천 5백 명이 바닥에 나뒹굴었다. 샹브르강을 건너온 지원군과 생쥐스트 군대는 모뵈주와 몽스, 샤를루아의 삼각지대로 깊숙이 침투했다. 적군도 병력을 보충했다. 3만 정예 병력이 가세했다.

　5월 24일 밤, 왼쪽 진영이 급습받았다. 뒤섞여 싸우던 기병대가 아군의 포병을 적으로 착각하고 공격했다. 좌익 부대는 급히 다시 강을 건너 피했다. 좁은 다리는 병사들과 말들로 미어터졌다. 떠밀려 추락하거나 물에 빠져 죽은 병사가 속출했다. 참담한 상황에서 생쥐스트는 적에게 잡힐 뻔했다. 항복 명령에 맞서 르바쇠르가 보고했던 자랑스러운 대답을 했다. "펜은 집에 두고 왔다. 가진 게 칼밖에 없어!" 적이 강까지 쫓아왔을 때 생쥐스트는 중앙에서 사흘 동안 적을 강력하게 반격해 물리쳤다. 생쥐스트는 일부 실패한 점을 위원회에 보고하며 이렇게 마무리했다.

크베트 공격에 1천 6백 명을 모뵈주에서, 선봉대로 2만 명의 주력을 로브로 각각 투입했다. 그리고 3만의 병력이 오늘 저녁 샤를루아를 공격한다.

로베스피에르와의 갈등

위원회에서 편지를 보냈다. 생쥐스트는 에둘러 말하는 로베스피에르의 뜻을 간파했다. 편지에 로베스피에르와 바레르, C. P. 프리외르, 비요바렌, 카르노가 서명했다.

자유가 새로운 위험에 처해 있어. 모든 위원이 지혜와 힘을 모아야 하네. 자네가 승리에 데 크게 기여한 북군이 며칠 동안 자네가 없어도 되는지 계산해 보게.

생쥐스트는 전쟁터의 코를 찌르는 시신과 화약 냄새로 다른 전선은 생각할 겨를이 없었다. 그는 당통 일당에 대한 보고서에서 "자유가 질책하는 벽력 치는 하늘에서 재미있게 살아보기를 바라네"라고 당통 일당을 비판했었다. 그런데 또다시 천둥과 번개가 몰려왔다. 이번에는 누구를 내려치려나? 혁명이 사투르누스처럼 자기 새끼를 잡아먹게 될까? 생쥐스트의 일기를 보자.

공포정치에 지겨워들 한다. 독한 술에 혀가 마비되듯.

생쥐스트는 공포정치를 중단하지 않더라도 상당히 억제하는 방향으로 결론지은 것 같다. 그런 의미에서 중요한 발걸음을 뗐다. 사실, 공포정치로 많은 희생자가 나온 곳은 파리보다 지방이었다. 중앙정부에서 지방 관리들을 일일이 통제하기 어려웠다. 그래서 전방으로 가기 전에 생쥐스트는 모든 정치 재판은 오직 파리에서 열린다는 법령을 내놓았다.

그런데 이 법령으로 공포정치가 오히려 강화되었다. 프랑스 전역에서 죄수들을 이송했으므로 파리에 당연히 처형자가 늘어났다. 극히 몇 사람 외에 역사가들은 공포가 다시 되풀이되었다고 강조할 뿐 수도 파리 이외의 지방에서 공포정치가 폐지되었다는 사실을 밝히지 않는다.

생쥐스트는 르바를 전선으로 먼저 보내고 5월 31일, 파리로 돌아왔다. 튈르리궁 옆 공안위원회로 직접 가서 전방의 동향을 설명했다. 보급 부족이 새로운 쟁점이었다. 의회는 음모와 책동으로 갈렸다. 의회에서는 그에게 더 확실한 보고서를 내놓으라고 했고 또 모사꾼들을 향한 경고도 요구했다. 하지만 그는 거절했다. 그동안 줄기차게 보고서와 경고장을 내느라 지쳤다.

주도하는 집단도 이상적인 계획도 없는 몽타뉴 클럽과 의회에 진지한 협력을 기대하는 것은 어렵고 공허했다. 자코뱅이 주도하는 공화국을 믿는 사람들은 한 줌밖에 없었다. 대다수 의원은 겁에 질려있었다. 결국, 여건이 어려워지자 음모와 술책이 불가피했다. 그러나 정부는 강했다. 군과 코뮌 집행부, 지역구 부대도 있었다. 이들이 단합하면 어떤 음모도 저지할 만했다. 모사꾼들을 차례로 숙청하려면 먼저 그들을 좌절시켜야 했다.

생쥐스트는 로베스피에르와 만나 위기가 무엇인지를 짚어보았다. 정부의 내분이었다. 치명적인 불화는 로베스피에르에게도 상당 부분 책임이 있었다. 바디에를 비롯한 위원들은 로베스피에르의 정치가 너무 종교적이라며 반대했다. 공안위원회는 방토즈법을 시행하지 않고 질질 끌었다. 몇몇 위원은 로베스피에르에게 역겹게 처신했다.

하지만 좀 더 마음을 열면 모든 것이 잘 풀릴 수도 있었다. 로베스피에르는 정치가에게 절대적으로 필요한 자질이 부족했다. 사교와 수완을 부릴 줄 몰랐다. 로베스피에르는 자존심을 다치면 곧바로 상대의 자존심에 상처로 갚았다. 생쥐스트는 이런 로베스피에르의 약점을 알았다. 전략의 부족을 지적하자 둘 사이에 먹구름이 끼었다.

서로의 관점에도 차이가 났다. 로베스피에르는 토지개혁을 실행하기도 전에 외부의 충격으로 정권이 끝을 맺을까 염려했다. 그래서 어떻게든 토지법을 실행해 사회변혁을 앞당기자고 했다. 추가로 프레리알[127] 법도 도입하려고 했다. 혁명재판 절차를 단순화하려 했지만, 최악으로 권력이 남용될 여지가 있었다. 로베스

---

[127] 목월牧月. 프랑스 혁명 공화력의 아홉째 달(5.20.~ 6.18.). 6월의 푸르른 목초지를 가리킨다.

피에르는 처형 현장을 지켜본 적도 없었고 죽음은 그에게 추상적인 관념이었다. 반대로 생쥐스트는 사람들에게 사형을 선고했고 그들이 죽는 것을 보았다. 생쥐스트는 무시무시한 새 법을 실행하면 그것을 이용할 자들이 누구인지 잘 알았다. 따라서 그는 수감자들의 쓰라린 절망감을 이해하고 모든 유예 조처를 했다.

이튿날 생쥐스트는 로베스피에르가 주관한 이성理性을 기리는 '최고 존재의 제전'에 참석하지 않고 전선으로 되돌아갔다. 두 사람의 사이는 예전 같지 않았다.

플뢰뤼스 전투의 대승

전쟁이 끔찍한 것은 전선이 아니라 후방에서 벌어지는 일 때문이다. 죽음을 초래하는 것은 인간 정신을 손상한 공적인 대의 때문이 아니다. 전쟁이 전투에 참전하지 않은 사람에게 불러일으키는 감정, 특히 증오와 거짓, 질투, 부패 때문이다. 생쥐스트는 의회의 동료들보다 병사들 사이에서 더 편안함을 느꼈다. 의회 연단에 서 있기보다 차라리 빗발치는 총포 한복판에 있는 편이 더 좋았다. 피범벅이 된 진흙탕에서 싸움은 더 깨끗했다.

생쥐스트와 꾸준히 연락을 주고받던 주르당 장군이 뇌프샤토 주둔군을 이끌고 샤를루아를 포위했다. 생쥐스트가 합세하여 작전을 더 강화했다. 6월 16일 밤, 안개가 짙었다. 포탄이 끊임없이 발사되었다. 포위된 도시 사방에서 포성에 앞선 섬광이 깜깜

한 밤을 밝혔다. 소리에 놀란 병사들과 말들은 눈에 띄지도 않았다. 명령은 유령이 고함치는 소리로 들렸다. 요새를 포위한 병력은 한쪽이 뚫리자 돌격 준비를 했다. 도시는 죽음을 선고받은 것 같았다. 새벽이면 함락될 것이다.

갑자기 멀리서 또 다른 굉음이 울렸다. 포성이 폭포처럼 천지를 뒤흔들었다. 오스트리아 원군이 다가오고 있었다. 생쥐스트와 주르당은 흩어진 병력을 집결시키고 즉시 대적하러 나갔다. 양측 군대는 짙은 안개와 어둠 속에서 격돌했다. 프랑스 전투대는 타격을 받고 혼비백산하여 도주했다. 안개에 파묻힌 포병들은 대포를 버리고 달아났다.

주르당은 뒤부아에게 기병대를 전투에 투입하라고 명령했다. 짧은 명령이 떨어지자 열광적으로 '공화국 만세'를 외치며 적의 보병과 포병을 덮쳤다. 적군 7백 명이 전사했고 5백 명은 생포했다. 대포 7문을 노획했다. 영웅적인 임무의 결과였다. 이어서 척탄병들이 서투른 지휘로 우왕좌왕하는 오스트리아 창기병들을 공격했다. 인간과 말로 뒤섞인 혼전이었다. 14시간 동안 싸웠지만, 결판이 나지 않았다. 화약과 보급이 바닥났다. 결국, 생쥐스트는 샹브르강을 다시 건너라는 철수령을 내렸다. 전투 현장을 뒤덮은 사상자는 7천 명에 달했다.

적의 손실이 더 컸으나 생쥐스트는 패배로 쓰라렸다. 그는 전투에서 비겁했던 지휘관과 대대장들을 체포하고 문책했다. "병사들이 도주했다면 그 지휘관이 책임질 일이다." 그는 좌천과

면직, 진급, 보직 이동을 시켰다. 그리고 열정적으로 다시 샹브르 강을 건너자고 했다. 지휘부는 하루쯤 병사와 군마도 휴식이 필요하다는 말로 그를 어렵게 설득했다.

6월 18일, 샹브르강은 다시 한번 뒤집혔다. 오스트리아군을 밀어내고 포위 공격했다. 시내로 죽음의 포화가 빗발쳤다. 그런데도 생쥐스트는 포격이 너무 부진하다고 성화했다. 포대마다 찾아다니며 즉시 명령을 따르지 않은 포대장을 그 자리에서 처형했다. 평소에 놀라운 자제력을 보이던 생쥐스트가 때때로 격앙되어 무섭게 발작하듯 행동했다. 지나치게 억눌린 신경을 단김에 풀어버리는 폭발적인 반작용이다. 알렉산드로스 대왕과 카이사르, 표트르 대제, 나폴레옹 등 행동파 거물들이 보이던 반응이다. 그럴 때 생쥐스트는 눈물을 흘렸다. 노디에는 이렇게 증언했다.

그가 분노를 터트리며 눈물 흘리는 모습을 보았다. 스트라스부르 한복판에서 울거나 쓸데없이 찔찔 짜지 않던 그가, 성스러운 자유의 신념이 모욕받자 울었다.

24일 밤, 적의 포성이 잠잠해지더니 완전히 멈추었다. 하늘은 붉게 물들었다. 새벽에 오스트리아군 장교가 나와 담판을 요청했다. 생쥐스트는 무조건 항복하고 철수해야 타협하겠다고 답했다. 협상이 불발되었고 포성은 한층 더 극성맞게 불을 뿜었다. 몇 시간 뒤, 휴전 교섭 사절이 지역 총독의 편지를 들고 재차 협상을 제안했다. 주르당은 편지를 뜯어보지도 않고 생쥐스트에게 넘겼다. 생쥐스트도 그대로 돌려주며 차갑게 말했다. "내가 언제 쪽지를 원했나. 도성이지……" 사절이 말했다. "수비대가 경솔하게 항복한다면 사절단은 치욕 아닙니까?" 생쥐스트는 대답했다. "우리는 그쪽의 명예나 치욕 때문에 여기 온 것이 아니오. 그쪽도 우리 프랑스를 명예롭게 하거나 치욕을 줄 수 없지 않겠소. 우리 사이에 공통점은 없소." 오스트리아인은 다시 간청했지만, 생쥐스트는 고개를 흔들었다. "어제 당신의 말을 들었소. 오늘은 조심해야 할 거요. 내가 맡은 권한대로 해야지요. 더는 내 말을 거둘 수 없소. 군의 사기를 고려하지 않을 수 없소."

휴전 교섭 사절은 인사하고 물러났다. 곧바로 샤를루아는 무조건 항복한다는 뜻을 전했다. 생쥐스트는 오스트리아의 기세를 꺾고 싶었지만 관대함을 보였다. 수비대 병사 3천 명을 무장 해제시킨 후 자유롭게 돌려보냈다. 장교들의 말과 검을 빼앗지 않았다. 대포 50문만 전리품으로 잡았다.

항복 절차를 마치자마자 멀리서 포성이 울렸다. 적의 연합군 장군들은 뫼즈강과 샹브르강의 협곡과 가까운 샤를루아를 극히 중요한 전략의 핵심으로 보았다. 주변 요새에서 주둔한 병력을 모두 불러내 8만 6천 명에 달하는 상당한 병력을 모았다. 샤를루아가 항복한 줄 모르고 적군은 포위된 사람들의 용기를 북돋아주기 위해 가끔 포성을 울리며 다가왔다.

코부르크[128]와 볼리외, 오란예 왕자가 지휘했다. 랑베 왕자가 이끄는 망명자의 부대도 가세했는데 그들은 특히 카르마뇰[129]의 피에 굶주렸다. 생쥐스트와 주르당은 7만 명밖에 없었다. 그러나 그들은 싸우기로 했다.

양쪽 군대의 한판 대결은 플뢰뤼스 전투라는 이름으로 역사에 뚜렷이 남았다. 혁명군이 외적과 싸우기 시작한 뒤로 가장 큰 전투였다. 6월 26일 새벽 3시에 시작해 연속한 6개 지역 전선에서 12시간 동안 계속되었다. 군 역사상 처음으로 프랑스군은 정찰용 기구氣球[130]를 띄웠다. 생쥐스트는 몇 번씩 전투부대의 선두로 뛰어나가 싸웠다. 6월 27일 오후 3시, 연합군은 프랑스군에 쫓기며 퇴각했다. 혁명군이 벨기에를 점령했다.

---

128 작센 코부르크Frederic Josias de Saxe-Cobourg-Saalfeld(1737~1815). 신성로마제국의 왕자. 1789년 오토만 제국군과 몰다비아에서 붙은 전쟁에서 야전군 총사령관으로 명성을 날렸다.
129 카르마뇰carmagnole. 프랑스대혁명 시기에 혁명당원이 입던 짧은 재킷. 넓은 칼라에 쇠단추가 양쪽에 달려 있다.
130 비행 기구의 이름은 '랑트르프르낭'호. 쥐메 방앗간이 서 있는 180미터 고지에 프랑스 혁명군의 총사령부가 있었다. 이곳에서 비행 기구를 띄웠다. 생쥐스트와 야전군 사령관 주르당 장군이 그 막사에서 지휘부를 지켰다.

〈 1794년 7월 26일, 국민공회의 부대의 공격을 받는 파리 시청〉, 복제 판화, 샤를 모네 원작,
1799, 프랑스 국립도서관.

대천사의 희생

테르미도르 반동 1794. 7. 27.

승전 소식을 전속력으로 파리로 전달했다. 가는 길에 있는 촌락과 마을, 도시마다 소식을 알렸다.

샤를루아가 넘어왔다. 수많은 연합군은 사방으로 패주했다. 우리가 벨기에를 구했다. 생쥐스트와 주르당이 해냈다!

승전보

생쥐스트도 파리로 돌아가는 길 곳곳에서 환호성을 들었다. 6월 28일 밤, 그가 탄 마차는 무장경비대 초소를 지나 어두운 도로를 요란하게 달렸다. 그는 회기 중에 있다고 생각한 튈르리궁 옆 공안위원회로 직행했다. 위원회의 창문은 환했다. 마차에서 내린 생쥐스트는 궁륭 아래 복도를 거쳐 동료들이 탁자에 둘러앉아 논의

중인 방으로 들어갔다. 동료들은 생쥐스트를 열렬히 반겼지만, 어색한 기운이 감돌았다. 로베스피에르는 자리에 없었다. 생쥐스트는 샤를루아 점령과 플뢰뤼스 전투에 관한 보고를 했고 마르소[131]와 샹피오네[132]의 활약을 전했다.

위원회는 보고서를 작성해 이튿날 의회에서 발표하라고 했지만, 생쥐스트는 거부했다. 주르당이 이미 자세한 보고서를 올렸는데 굳이 형식적 절차를 되풀이할 필요가 없었다. '승리를 뻥튀기하고 자화자찬하는' 짓은 공화주의 정신에 어긋났다.

이튿날, 생쥐스트는 자리에 앉아 자신이 보고한 작전의 상세한 내용을 전하는 바레르의 연설을 들었다. 의원들은 기립박수를 보내며 환호했다. 생쥐스트는 가만히 앉아 있었다. 바레르는 생쥐스트가 없었다면 전투에 패했을 거라는 점은 말하지 않았다.

그가 발언을 마치자 생쥐스트는 한마디도 하지 않고 자리에서 일어났다. 생쥐스트는 왜 그런 태도를 보였을까? 마음이 상했을까? 감정을 애써 억누르려고 했을까? 갑자기 군국주의가 공화국을 약화할 거로 생각했을까? 알 수 없다. 그러나 그가 군사적 성공을 이용했다면 자신의 정치적 입지를 크게 강화할 수 있었을 것이다.

---

131 마르소François Severin Marceau-Desgraviers(1769~1796).
132 샹피오네Championnet(1762~1800).

지친 로베스피에르

로베스피에르는 2주 이상 의회에 출석하지 않았다. 격렬한 언쟁이 있었다. 로베스피에르는 동료들에게 학살자라도 퍼부었고 콜로와는 자칫 치고받을 뻔했다. "위원회의 폭군!"이라며 바디에가 로베스피에르는의 얼굴에 대고 소리를 질렀다. 로베스피에르는 격분했다. "뭐라고? 내가 폭군이라고? 그래! 폭정에서 벗어나게 해주지. 나 없이 조국을 구해봐! 내가 위원회를 나갈 테니."

로베스피에르는 동료들을 의회에 고발하겠다고 으름장을 놓았다. 위세에 눌려 질겁한 동료 위원들은 그를 진정시키려고 애썼다. 콜로는 그에게 사과까지 했지만, 로베스피에르는 어떤 말도 듣지 않으려는 듯 나가버렸고 이 논쟁 이후 위원회에서 그를 보지 못했다.

이런 사정을 듣고 생쥐스트는 괴로워했다. 위원회의 장봉 생탕트레와 프리외르(코트 도르 대표)는 특임위원으로 출장 중이었다. 쿠통은 가장 자주 임무를 수행했다. 막 사무실을 떠나려던 프리외르(라마른 대표)와 랭데는 의사 결정에 거의 관여하지 않았다. 사실상 정부는 바레르와 카르노, 비요바렌, 콜로가 주도했다.

생쥐스트는 왕정파에서 난폭한 과격파로 전향한 바레르를 싫어했다. 카르노를 존경했지만, 그에게 불만이 많았다. 그는 주르당의 군대에 보급을 배려하지 않았고 생쥐스트가 전령 편에 어려움을 호소했을 때도 경솔하고 건방진 반응만 보였다. 게다가

〈에르므농빌 공원〉, 판화, 작자미상, 1783.
파리 북동쪽 근교 루아즈강변에 자리잡은 공원이다. 지금은 장자크 루소를 기념하는 루아즈 도
의 영국식 공원이다. 공원 안에 1778년에 사망한 그의 무덤이 있다. 문인과 학자들의 순례지.
에르므농빌성은 호텔과 식당으로 개조되었다.

의논도 없이 주르당의 병력 1만 8천 명을 차출하려고 했다. 생쥐스트가 막지 않았다면 샤를루아 점령도 모뵈주와 아벤느 사수도 못 했을 것이다. 감정의 골은 깊었지만, 유능한 행정가 카르노는 자신이 읽지도 않고 서명했다는 황당한 구실로 명령을 책임지지 않으려 했다. 하지만 이미 죄를 자인한 셈이었다.

비요바렌과 콜로는 과격 폭력파였다. 로베스피에르와 정치적 노선을 함께했지만, 그를 몹시 시기했다. 내세울 것이 없는 콜로는 깡패나 다름없었다. 로베스피에르가 화가 나서 자기편을 떠나고 정부를 이들 4인방에 남겨두면 무시무시한 책임을 혼자 뒤집어쓸 것이다.

생쥐스트는 서둘러 로베스피에르를 찾아가 그에 관해 협의했다. 로베스피에르는 과민성 체질이었다. 지난 5년간 잠시도 쉬지 못하고 과중한 부담을 떠맡아 왔다. 몸과 마음 모두 지치기 시작했다. 얼굴에 주름이 깊이 파였고 눈은 얼이 빠져나간 듯했다. 어느 때보다 경련도 빈번했다. 손가락으로 끊임없이 책상을 두드렸고 머리는 이리저리 흔들리며 신경질적으로 움직였다. 로베스피에르는 생쥐스트에게 말했다. "그래, 내가 위원회에서 나왔어!" 그는 멀리서 동료 위원들이 어떻게 하는지 지켜보다가 그 다음 의회에서 책임을 묻겠다고 했다.

과격파 의원들은 눈앞의 일에만 사로잡혀 생쥐스트와 로베스피에르가 불가피하다고 생각하는 위대한 경제, 사회 개혁을 이루기 위해 아무것도 하지 않았다. 그들은 공포정치를 악용하여 어처구니없게도 폭력을 사용해서 개인적인 복수를 위해 가벼운 죄를 지은 자들을 처벌했다. 그리고 로베스피에르의 권위를 떨어트리려고 했다.

그들은 왜 로베스피에르를 탓했을까? 자신들보다 우세한 의회와 민중에 대한 영향력 때문일까? 로베스피에르의 권위는 저속한 선동정치에서 온 것이 아니다. 심각한 문제가 발생했을 때 그의 인기는 위태롭게 했기 때문이다. 다른 의원들이 눈치를 보며 비겁하게 전쟁에 묵묵히 동조할 때 로베스피에르는 위험을 무릅쓰고 반대하지 않았던가? 지난 5년 동안 로베스피에르는 민중에게 충성한 보상으로 위엄과 신망을 쌓았다. 그가 위신을 잃지 않았던 것은 사욕을 위해 그것을 이용하지 않았기 때문이다. 덕분에 대다수 공안 위원과 의회 의원이 불만스럽게 생각한 강력한 조처도 취할 수 있었다.

생쥐스트는 그의 이야기를 들었다. 가혹하게 재단된 금욕주의자의 얼굴에 시선을 고정했다. 그는 푸르스름한 잿빛 눈 속 깊이 타들어 가는 고통으로 눈빛만 반짝였다. 생쥐스트는 그의 말을 듣고 깊이 공감했지만, 동시에 깊이 위화감을 느꼈다.

굳이 불화의 빌미를 줄 필요가 있을까. 공익만을 내세워 정당화할 수는 없다. 모두 겸손하고 자신보다 더 많은 이야기를 하는 것을 질투하지 않는다면 우리는 매우 평화로울 것이다.

생쥐스트는 로베스피에르를 비난하지 않았다. 알사스에서 라코스트의 모욕을 말없이 참았던 것은 국익이 더 중요했기 때문이다. 로베스피에르도 그렇게 넘어가 주기를 바랐다. 생쥐스트는 융통성과 수완이 부족한 자신의 약점을 잘 알았다. 어느 날 카르노와 말다툼을 벌이다가 단두대로 보내버리겠다고 그를 위협했지만, 분통을 터트리고 나서는 바로 잊었다. 로베스피에르는 그렇지 못했다. 그래서 테르미도르 8일 밤, 거의 모든 동료에게 폭력적인 사건을 당한 뒤 생쥐스트는 "내가 무슨 불평을 하겠어"라며 마음을 비웠다. 그러나 로베스피에르는 그렇지 못했다.

　　생쥐스트와 로베스피에르는 서로 역할을 주고받은 것 같았다. 예전에는 생쥐스트가 비타협적인 모습을 보였지만, 이제 붙잡고 훈계해야 할 사람은 로베스피에르였다. 생쥐스트는 위원회 동료들과 타협하는 것은 당통과 타협하는 것과는 전혀 다르다고 그를 설득했다. 당통은 부패했고 반혁명 편을 들었지만, 두 동료 의원들은 불만스러운 점은 있어도 공화파로서 자질과 진심을 의심할 여지는 없었다. 그들은 많은 사람을 공화파로 끌어들였다. 또 청렴하고 가난했다. 방토즈 법 시행을 둘러싸고 견해차가 있지만, 합의점을 쉽게 찾을 수 있다고 믿었다.

　　생쥐스트의 노력에도 회담은 부정적인 결과만 낳았다. 생쥐스트가 포기했다고 확신한 로베스피에르는 더는 그와 상의하지

〈국민공회에 참석한 조르주 쿠통〉, 연필화, 비방 드농, 1793, 메틀로폴리탄 미술관.

않았다. 그는 뒤플레에게 씁쓸한 말만 반복했다. "내게는 동생[133] 하고 불구인 쿠통밖에 없어!" 그런 가운데 로베스피에르는 의회 연설을 준비했다. 목숨이 걸린 중요한 연설이었다. 하지만 생쥐스트에게도 다른 누구에게도 의견을 구하지 않았다. 그는 차츰 측근을 포함해 아무도 상대하지 않는 이상하고 수수께끼 같은 광증에 몰입했다.

로베스피에르는 장자크 루소가 생애 마지막 몇 주를 지낸 에르므농빌을 몇 차례 다녀왔다. 어린 학생 시절, 늙은 철학자의 말을 들으면서 그 숲길을 따라 산책했었다. 그리고 이제 무서운 예감이 든 로베스피에르는 사라진 스승의 정신과 교감하러 그곳을 다시 찾았다. 그는 아직 살아있는 제자와 상의했어야 했다.

파국의 전조

생쥐스트는 집무실에 처박혀 지냈다. 앙리에트는 화해를 바랐지만, 그는 원치 않았다. 전선에 나가 있던 르바가 누이동생의 편지를 받고 생쥐스트에게 전했으나 그의 마음은 돌아서지 않았다.

생쥐스트는 위원회의 모든 회의에 참석했다. 동료들은 그를 믿지 않았다. 무슨 일이 일어나고 있는지 계속 알아야 한다고 했

---

133 오귀스탱 드로베스피에르 Augustin Bon Joseph de Robespierre(1763~1794). 로베스피에르의 동생. 국민공회 의원. 정부의 일원이 아니었다. - 코른골트

던 로베스피에르의 최측근이었기 때문이다. 로베스피에르가 분명 생쥐스트와 음모를 품고 막강한 자코뱅 클럽과 코뮌을 끌어들일 거로 생각했다. 위원들은 로베스피에르를 괜히 자극했다고 후회하기도 했다. 에베르와 당통 일파의 음모가 그들을 선동했고 몇 주 전에 생쥐스트가 전선에서 했던 일을 떠올렸다. 그리고 이제 그가 로베스피에르와 공모하고 있다면 심각한 사태 아닌가! 어느 쪽이 승리하든 위원들은 무사하기 어려웠다.

바디에는 묘책을 짜냈다. 그는 의회의 주요 불평분자와 교섭했다. 정부에서 사리에 어긋나는 인물은 로베스피에르와 생쥐스트, 쿠통 3인방뿐이라고 보여주려 했다. 에베르계에는 로베스피에르가 당통과 데물랭을 구하려 한다고, 당통계에는 로베스피에르가 에베르계의 앙리오와 불랑제를 살려줬다고 말했다. 로베스피에르와 위원회의 갈등의 원인은 하나이며 그것은 로베스피에르가 많은 의원의 머리를 원하기 때문이라고 모두에게 밝혔다.

로베스피에르의 친구는 아닌 바라스[134]의 말을 믿어본다면, 갈등의 원인은 바디에의 주장과 정반대였다. 로베스피에르를 살생부에 오른 대의원들을 단두대로 보내는 것을 거부했다. 오히려 지방에서 지나친 폭력을 행사한 카리에[135]와 푸셰, 프레롱, 로베

---

134 바라스Paul Barras(1755~1829). 프랑스 혁명과 제국 시기의 정치인. 국민공회 의원을 거쳐 테르미도르의 반동 사태 이후 나폴레옹이 쿠데타로 집권하기 전까지 과도기의 정부에서 최고위직을 역임했다.

135 카리에Jean-Baptiste Carrier(1756~1794). 공포정치 시절에 활약한 정치인.

르, 탈리앙, 르봉[136] 대여섯만 처벌하자고 했다. 비요바렌과 콜로는 이들을 어떤 대가를 치르더라도 구하려고 했다.

온건해 보이던 카리에는 무제한의 권력을 쥐자마자 살인마로 돌변했다. 거룻배 밑바닥에 죄수들을 가두고 루아르강 한복판에 가라앉혔다. 사제 출신 푸셰는 신속한 대응책으로 단두대는 부족하다고 생각했다. 리옹에서 콜로와 함께 단두대보다 훨씬 인간적인 방법이라며 죄수들에게 포격을 가했다. 함께 죽기 때문에 적어도 다른 사형수가 죽어가는 고통을 보지 않아도 된다는 핑계였다. 그러나 뜻대로 되지 않았다. 대다수 희생자는 다치기만 했다. 그래서 창칼에 찔리고 부삽과 곡괭이를 맞으며 죽었다.

탈리앙과 로베르는 공포정치를 개선한 것이 없다. 무고한 사람과 죄지은 사람 가리지 않고 사면특권을 팔아 사익을 챙겼다. 프레롱은 절친 데물랭이 내놓은 국왕 내외의 처벌안보다 더 과격한 제안을 했다. "왕비를 말꼬리에 묶어 파리 시내로 끌고 다니자"라며 잔인무도함을 보였다. 그는 테르미도르의 반동 이후에는 공포정치 시절 왕정파를 학살한 것 못지않게 자코뱅 회원들을 살육했다. 사제 출신 르봉은 아마 그 무리에서 가장 진실하고 가장 잔인한 사람이었을 것이다. 어느 날, 아라스에서 그는 단두대

---

136 르봉Guislain-Francois-Joseph Le Bon(1765~1795). 지나치게 과격한 공포정치를 수행한 끝에 아미앙에서 단두대형을 받았다. 테르미도르의 반동에 가담해 로베스피에르 일파를 제거한 뒤 단두대에 올랐으니 불운했다. 공사 구별 없이 공권력을 남용해 죽었다.

가 있는 광장에 있는 자택 발코니에 나타났다. 희생자는 묶여 있었고 칼은 떨어질 뻔했다. 사형 집행 중이었다. 그는 서류를 흔들면서 형리에게 집행 중지를 명했다. 사면령이었을까? 의회에서 새로 보낸 칙령이었다. 저승에 가서도 공화국의 복을 전하라는 명령을 전하고 몸짓으로 신호를 보내 단두대의 날로 베어버렸다.

당시 상황으로는 지방 관리들의 행동을 정부에서 일일이 통제할 수 없었다. 실상을 보고받은 로베스피에르는 만행을 저지른 자들을 법정에 세우자고 요구했다. 로베스피에르를 두려워한 자들은 안간힘을 쓰며 어떻게든 그를 제거하려고 했다.

카르노는 전선에 필요하다는 이유를 들어 파리 지역구 소속 포대들을 철수시켜 로베스피에르와 생쥐스트를 약화했다. 하지만 바레르는 계속 불안에 떨었다. 그는 의원들과 모의하는 편이 낫겠다고 생각했다. 코뮌과 자코뱅 클럽의 지지를 받는 로베스피에르와 생쥐스트가 함께 움직이면 너무 위협적이었다. 두 사람이 지지 세력을 이용한다는 전제에서 바레의 판단은 옳았다. 하지만 로베스피에르는 병적인 고립에 갇혀 있었고 생쥐스트는 그가 위원회와 불화를 빚게 되리라고는 생각하지 못했다.

바레르는 가만히 있지 못했다. 그는 위원회 동료들을 설득하여 로베스피에르와 화해하고 손잡는 것이 최상의 선택이라고 믿었다. 로베스피에르가 위원회로 돌아와 동료들과 다시 관계를 회복하도록 생쥐스트에게 임무를 맡겼다. 생쥐스트는 한 가지만 물었다. 화해인가? 그도 동료들과 화해를 진심으로 바랐지만, 그들의 진정성을 의심할 만한 이유가 있었기 때문에 생각할 시간을 좀 더 달라고 했다. 그사이 로베스피에르를 찾아가 위원회로 돌아오라고 설득했다.

회의는 위원회 대회의실에서 열렸다. 튈르리궁을 내려다보는 높은 창문 밖에서 나무 냄새와 꽃향기가 넘쳐 들어왔다. 모두 불편함을 느꼈다. 로베스피에르는 팔짱을 끼고 다리를 꼰 자세로 앉아 눈썹을 찌푸린 채 푸른 안경 너머로 정면만 응시했다. 그의 가장 사나운 적수 심술궂은 비요바렌도 로베스피에르만큼이나 화해를 내키지 않는 듯했다.

생쥐스트는 서글픈 눈으로 동료들을 차례로 둘러보았다. 변호사와 교수, 배우, 문인, 군인 등 거의 모두가 정부에 대해 아무것도 모른 채 위원회에 참가한 인물들이다. 그런데도 그들은 가장 엄혹한 시절에 나라가 봉착한 어려움과 싸우면서 놀라운 재목임을 입증했고 때로는 위대한 모습까지 보여주었다. 왜 그토록 서로 미워하고 질시했을까? 그까짓 하찮은 영광과 명성 때문에? 내일이면 한 줌의 재가 될 텐데! 편협한 마음 앞에서는 어떤 대의명분도 소용없는 걸까?

생쥐스트가 자리에서 일어나 발언했다. "괴로워들 하는 모양입니다. 우리 모두 솔직해집시다. 괜찮다면 나부터 털어놓겠습니다." 그는 진성성과 올바른 조화, 공정함을 주장했다. 그의 발언을 듣고 모두 공화국을 구했던 자신들의 과업을 무너트리려는 사람들에게 공화국이 직접 입을 열고 해명한다는 기분이 들었다.

비요바렌이 감동한 듯 일어나 로베스피에르를 향해 말했다. "우리는 자네 친구잖아. 늘 함께 해왔잖아" 발언의 의도는 분명 훌륭했지만, 그의 선택은 서툴렀다. 왜냐하면 이는 분명히 진실과 거리가 멀었다. 생쥐스트는 고통스러웠다. 다른 위원들도 발언했다. 그러나 로베스피에르는 굳게 입을 다물었다. 경련으로 근육이 실룩대기는 했지만, 감정을 완벽하게 감추었다. 자기 생각을 드러내지 않으려고 색안경을 쓰고 있었다.

마침내 로베스피에르가 대답하기 위해 일어섰다. 그의 연설은 화해를 도모하려는 것이 아니었다. 그는 공격적이고 권위적이었다. 동료들은 타협하려는 모습을 보여주었고 새로운 이야기는 한마디도 없었기 때문에 모두가 화해가 이루어졌다고 생각하고 출발했다. 테르미도르 7일, 바레르는 회의 결과를 의회에서 보고했다. 늘 그렇듯이 그는 로베스피에르를 비롯해 위원들을 고루 칭송했다. 쿠통도 자코뱅 회원들을 칭송하면서 정부에서 불협화음 같은 것은 사라졌다고 장담했다.

그러나 생쥐스트는 착각하지 않았다. 아무것도 달라지거나 끝나지 않았다. 자신의 화해 노력은 물거품이 되었고 상황은 파국으로 치달을 것이며, 그리고 자신이 원하든 원하지 않든 편을 들어야 할 것이다.

로베스피에르를 배신하지 않은 생쥐스트

예상보다 빨리 대단원의 막이 내렸다. 바레르가 화려한 연설을 한 다음 날 테르미도르 8일, 로베스피에르는 의회 연단에 올랐다. 그가 무슨 발표를 한다는 이상한 소문이 시내에 퍼졌다. 의원 모두 참석했다. 로베스피에르를 노골적으로 적대하는 대담한 푸셰만 불참했다. 꽉 찬 청중석은 야단법석이었다. 대회의실에 입장하지 못한 관중이 밖에도 넘쳤다. 생쥐스트는 로베스피에르가 계단을 딛고 오르는 모습을 지켜보았다. 새삼스럽게 끓어오르는 연민에 울컥했다. 그러면서도 마음 깊은 곳엔 불안감이 감돌았다.

운명의 여신은 대담한 자들을 사랑한다. 의장이 종을 흔들었다. 장내는 물을 끼얹은 듯 조용했고 신랄하고 확신에 찬 로베스피에르의 목소리가 카랑카랑하게 울리자 의회는 굴복했다. 연설을 마친 그에게 환호와 갈채가 떠나갈 듯했고 참석한 그의 적들은 승부에서 졌다고 생각했다. 감동적이고 열정적이며 호소력이 있는 연설이었지만, 심각한 결함이 있었다. 노력이 물거품이 될 위험을 자초했다. 생쥐스트에게 조언을 구했다면 그는 로베스피에르에게 신호를 주었을 것이다.

결국, 일이 터지고 말았다. 로베스피에르가 승리를 거두었다고 생각했을 때 승리는 그를 피했다. 그는 이미 정부에 대한 지배력을 잃었고 이제 의회에서 권한을 잃었다. 닥쳐올 일은 생쥐스트의 책임이 아니었다. 그는 로베스피에르의 강경한 태도의 연설과 두 달 동안 따랐던 전략을 반대했다. 로베스피에르는 그의 말을 듣지 않았다. 그러므로 생쥐스트는 거리낌 없이 그와 결별하고 무익한 싸움에 뛰어들지 않을 수도 있었다. 로베스피에르가 대비하지 못해 치명적인 결과를 낳게 될 투쟁이었다.

주사위는 던져졌다. 자신을 이끌어주는 진정한 동지 로베스피에르가 적들 속으로 혼자 뛰어들고 있었다. 생쥐스트는 주저하지 않았다. 할 일은 명백했다. 너무 늦기 전에 상황을 장악해야 했다. 로베스피에르를 구하거나 그와 함께 죽거나…….

너무 빨랐던 운명의 시간

그렇게 운명의 시간이 다가왔다. 전투는 중단되지 않고 종국으로 치달았다. 로베스피에르는 뒤집힌다고 항복할 사람이 아니었다. 첫 번째 공격으로 사기가 오른 적들은 아예 끝장내려고 이튿날부터 즉시 새로운 공격에 나섰다.

생쥐스트는 알고 있었다. 로베스피에르가 체포될 가능성을 염두에 두고 무슨 계획이든 세우려고 했을 것이다. 아니면 로베스피에르와 함께 체포될 각오도 했을 것이다. 생쥐스트는 현실을 잘 알았다. 자신이 감옥에 있는 것보다 정부의 일원으로 남는 것이 로베스피에르와 국가를 위해 더 나은 선택이었다. 그러나 어떤 경우에도 그는 의회에 맞서 싸우려고 코뮌의 병력 동원을 결코 고려하지 않았다.

지난해 의회에서 벌어진 폭력 사태로 내전의 위기로 치달았다. 나라를 거의 잃을 뻔 했다. 이번에 충돌한다면 더욱 큰 재앙을 부를 것이다. 지롱드 회원들만의 문제가 아니라 의원 전체가 들고 일어날 테니까. 아직 나폴레옹의 쿠데타가 성공한 브뤼메르 19일[137]처럼 무르익은 시기가 아니었다.

생쥐스트는 다른 방법은 모두 배제하고 의회에서 싸울 준비만 했다. 외국의 침략을 물리치려고 온갖 노력을 쏟았던 생쥐스트가 나라를 두 진영으로 갈라놓게 하지 않을 것이다. 누구 한 사람 때문에 내전이 일어나게 하지는 않을 것이다. 로베스피에르였든 자신이었든 말이다. 생쥐스트는 두 가지 목적에 맞추어 움직이려고 했다. 먼저 상황을 악화시킬 위원회의 극단적 조치를 저지하고 그다음 날 의회 연설에서 로베스피에르의 모호하지만, 위협적이던 발언의 충격을 가라앉힐 계획이었다.

생쥐스트는 일정을 모두 중단하고 위원회 대회의실에서 연설문을 작성하기 시작했다. 처음에는 누구도 방해하지 않았다. 그 후 위원들이 하나둘씩 나타났다. 카르노와 바레르, 랭데, 프리외르가 서류 더미들을 들고 들어왔다. 모두 그를 미심쩍은 눈으로 쳐다보다가 각자 서류를 펼쳐놓고 일에 몰두했다.

아직 어두워지기 전이었다. 시내의 요란한 소문이 그들에게

---

137 1799년 11월 9일. 역사가 대부분은 바로 그날 프랑스대혁명이 끝났다고 본다. 이후 1871년의 파리 코뮌 민중운동까지 계속될 거대한 혁명의 첫 단계가 끝났을 뿐이라고 보기도 한다.

까지 들렸다. 위원들은 가끔 몇 마디씩 주고받았다. 카르노는 한동안 말없이 생쥐스트를 엿보더니 돌연 입을 열었다. "보고서를 쓰는 건가?" 생쥐스트가 답했다. "응, 자네 이야기도 하고 있지." 카르노는 어깨를 으쓱하고 서류를 들여다보았다.

날이 저물었다. 수위가 들어와 촛불을 켜고 커튼을 드리웠다. 시간은 계속 흘렀다. 생쥐스트는 여전히 연설문을 작성했다. 어두운 회의실에서 희미한 불빛 아래 쓴 연설문이 남아있다. 그가 연설했다면, 그리고 의회가 경청했다면 분명히 사태는 진정되었을 것이다. 찬란하지만 피비린내 나는 나폴레옹 시대는 개막할 기회를 결코 맞을 수 없었을 것이다.

덜커덩 문이 열렸다. 모두 놀라서 고개를 들었다. 비요바렌과 콜로, 그 밖의 위원들이 뛰어 들어왔다. 그들은 로베스피에르가 오후에 했던 연설을 되풀이했던 자코뱅 클럽에서 오는 길이었다. 그곳에서 시달리며 맞다가 "단두대에서!"라는 고함에 마침내 쫓겨났다. 콜로는 회의실 안을 이리저리 서성대며 자코뱅 회원들을 격렬하게 비난했다. 생쥐스트는 펜을 내려놓고 조금 빈정거리는 투로 물었다. "클럽에서 무슨 일이 있었어?" 흥분한 콜로는 주먹을 그의 코 앞에 들이대면서 외쳤다. "그걸 말이라고 해? 철부지 같으니! 배신자! 겁쟁이, 주둥이만 놀리고!" 철부지라 했던 생쥐스트는 대리석처럼 냉정했다. 그는 연설문에 이런 말을 남겼다.

거칠면 엄격하기 글렀고 분노는 즉시 공포로 치닫는다.

생쥐스트는 분노로 일그러진 콜로의 얼굴을 뚫어지게 바라보았다. 겁에 질려 넋 나간 사람의 얼굴이었다. 반면에 생쥐스트는 건방지게 태연할 만큼 차분했다. 아무것도 두려워하지 않았기 때문이다. 하지만 격렬한 욕설이 그에게 쏟아졌다. 오후에 성급하게 로베스피에르에게 공감을 표했던 바레르는 다른 사람들 앞에서 만회할 기회를 찾겠다고 생각했다. 그는 3인방이 공화국의 전리품을 어린아이와 불구자, 강도와 나누려 한다고 외쳤다. 라코스트도 덩달아 생쥐스트가 두 친구와 반역을 꾸민다고 외쳤다.

생쥐스트는 무덤덤하게 그들을 바라봤고 아무 말도 하지 않았다. 그들이 진정되자 그는 다시 연설문을 작성했다. 연설문은 대부분 이런 소동 이후에 썼음이 틀림없다. 생쥐스트는 새벽 5시에야 회의실에서 밖으로 나갔는데 어조는 처음부터 끝까지 한결같았다. 자신을 모욕한 콜로보다 비요바렌을 더욱 혹평했다. 자신을 공격한 바레르에 대해서는 거의 말하지 않았다. 라코스트에 대해서도 마찬가지였다. 이렇게 보면 생쥐스트는 사사로운 원한이나 반감은 없었던 것 같다. 콜로가 그에게 다시 물었다. "우리를 고발하는 글을 쓰고 있는 거지?"라며 노골적으로 걱정하자 생쥐스트는 "한번 읽어드릴까?"라고 시큰둥하게 답했다.

마침내 그가 종이를 정리하면서 연설문을 마무리했을 때 대기가 밝아졌다는 것을 주목했다. 그는 동료들을 설득하기 위해 그것을 이용했다. 자신이 '매 순간 번개를 즉흥적으로 만드는' 방법은 거의 믿지 않는다고 말했고 그들을 진정시켰다고 생각했다.

〈에스키롤 박사가 그린 메리쿠르의 1816년의 옆모습〉, 연필화, 카르나발레 박물관.

메리쿠르는 파리에서 지롱드 회원들의 단골 살롱을 운영했다. 메리쿠르를 자코뱅 클럽의 여자들이 거리에서 발가벗기고 폭행했다. 지롱드 클럽의 리더 브리소를 지지했다는 이유였다. 마라가 여자들을 뜯어말려 그녀를 구했다. 유명한 사건이다. 메리쿠르는 이 일을 당한 충격으로 미쳐버렸다고 미슐레는 보았다. 다른 여성 운동가 올램프 구즈와 마담 드롤랑이 단두대에서 처형되자 겁에 질린 끝에 미쳤다는 설도 있다. 특히 정신의학의 아버지로 존경받고 정신병에 대한 중요한 고전들을 남긴 정신과 의사 장에티엔 에스키롤 J. E. Esquirol은 그녀가 사망하기 전 5년 동안 면담하며 초상을 그리기도 했다. 에스키롤은 뛰어난 화가였다.

그들이 성급한 조처를 할 거라고 느끼지 않았고 안심한 생쥐스트는 집으로 돌아가 조금 눈을 붙이려고 했다. 그는 걱정을 덜기 위해 10시에 와서 의회 연설하기 전에 위원회에서 보고서를 읽겠다고 약속했다.

이제 막 해가 떴다. 튈르리 정원은 떠오르는 빛에 반짝였다. 엷은 안개 사이로 조금 떨어진 혁명광장이 보였다. 36시간 뒤에 생쥐스트의 목이 떨어질 곳이다. 햇빛 찬란한 새벽에 누가 그의 치명적인 종말을 예상할 수 있었을까. 위원들도 그날 밤 로베스피에르를 결딴내겠다고 결의한 의원들의 음모를 몰랐을 것이다.

숙소로 들어간 생쥐스트는 탁자에 놓인 편지를 보았다. 메리쿠르의 편지였다. 대단한 행동파로서 5년 전에 붉은 드레스 차림으로 창을 들고 말을 몰아 파리 여자들을 베르사유궁까지 이끌었던 여장부였다.(왕과 왕비, 왕자를 빵 가게 주인과 아내, 어린 조수라고 부르며 파리로 데려오려고 했다) 지금 메리쿠르는 정신병자 수용소에 갇혔다. 플뢰리는 그녀가 생쥐스트가 파리의 팔레 루아얄에 드나들던 시절 그의 애인이었다고 추측한다.

로베스피에르로부터 아무 소식이 없었다. 그러나 결전의 순간은 다가왔다. 싸움은 그날 오후 의회에서 시작될 것이다. 전투는 신뢰가 없어서 일어나는 것이다. 어쨌든 그에게 중요하지 않았다. 양심과 법에 따라 행동할 것이다. 연설문 작성으로 기진맥진한 생쥐스트는 옷도 벗지 못한 채 침대에 쭉 뻗었다.

마지막 결전

생쥐스트가 일어났을 때는 이미 늦은 아침이었다. 동료들을 만나기로 했지만, 한 번 더 생각하더니 약속을 취소했다. 지난밤 일을 생각하면 사사로운 논쟁은 피해야 했다. 의회에서도 연설의 우선순위를 미루기로 했다.

생쥐스트는 위원회에 들르지 않고 곧장 의회로 향했다. 그가 위기를 향해 걸어가는 동안 로베스피에르의 친구이자 화가 다비드[138]는 지난 밤 자코뱅 클럽에서 "로베스피에르와 함께 독배를 들 수밖에 없다"라는 확신이 들자 집으로 돌아가 납작 엎드려 있었다. 꼼짝 말고 조용히 있으라는 바레르의 충고를 따랐다. 예술가들이 물감과 잉크와 더불어 검을 쥐고 있다고 항상 주장했던 것과 정반대로 행동했다. 생쥐스트가 만약 위대한 시인이 되었다면 인간으로서도 위대할 수 있었을까?

생쥐스트가 의회 회의장에 들어섰을 때 마침 의장을 맡은 콜

---

138 다비드Jacques-Louis David(1748~1825). 화가, 국민공회 의원. 프랑스 혁명 시기에 축제와 혁명사상의 선전을 담당했다. 혁명을 예찬하는 작품과 동지들의 초상을 남겼다. 혁명 당국의 '블랙리스트'에 오른 예술가들이 복권과 목숨을 부탁할 정도로 권력이 있었다. 루브르궁을 박물관으로 개조하는 작업을 주도한 화가 비방 드농과 함께 혁명정부와 나폴레옹 제정에서 예술정책을 좌우하는 쌍두마차였다. 드농은 마리앙투아네트를 비롯해 단두대로 향하게 된 인물들의 사실적으로 스케치한 초상들을 남겼던 반면 다비드는 신고전주의 미술을 일으키고 그의 화실에서 낭만주의 화가들을 배출했다.

로가 종을 흔들어 조용히 하라고 했다. 화려하게 장식한 실내를 배경으로 높은 천창에서 떨어지는 빛 때문에 참석자들은 시체처럼 창백해 보였다. 바짝 붙어 앉은 의원들은 서로 독설을 토하려는 사나운 시선을 주고받았다. 그 방은 과거 지롱드 클럽의 장관 롤랑[139]의 작품이었다. 그는 외로운 갈림길에서 검으로 자결했다. 그 방은 복수할 책임이 있었다.

자리에 앉은 생쥐스트는 주위를 둘러보았다. 막시밀리안과 오귀스탱 로베스피에르 형제, 그리고 르바와 눈인사를 나누었다. 쿠통은 아직 오지 않았다. 이들 세 사람은 무슨 일이 벌어지더라도 절대 로베스피에르를 배신하지 않을 것이다. 의회 사무총장이 회람을 알렸다. 생쥐스트는 노트에 급히 적어두었다.

불의에 내 마음은 더 굳어졌다. 의회에서 솔직히 털어놓아야겠다.

생쥐스트는 회람에 서명하고 위원회에 반송하도록 집행관에게 건네주었다. 사무총장은 낭독을 끝내자 그는 발언을 요구하면서 즉시 연단으로 올라가 원고를 꺼내 펼쳐놓았다. 그런 후에 회의장을 한번 죽 둘러보았다. 입구 쪽에서 의원들 몇이 모여 쑥덕거리며 자신을 지켜보았다. 로베스피에르의 숙적들도 보였다.

---

139 장마리 롤랑 Jean-Marie Roland de La Platière(1734~1793). 지롱드파 내무 장관. 아내는 작가이자 '지롱드의 여왕' 마담 드롤랑이다.

생쥐스트는 위원회에서 보고서를 작성하는 명예로운 일을 맡았지만, 우선 개인 자격으로 발언하겠다고 밝혔다. "지난밤 누군가 때문에 걱정이 깊어져 오직 여러분에게만 밝혀야겠습니다." 그렇게 먼저 말문을 떼고 나서 입구 쪽의 무리에게 눈길을 던지며 외쳤다. "나는 어떤 분파에 속하지도 않습니다. 나는 분파들과 싸울 뿐입니다."

생쥐스트가 에둘러 비판한 의원들 가운데 탈리앙이 포함되었다. 로베스피에르는 갖은 애를 쓴 끝에 탈리앙을 보르도에서 소환했다. 그곳에서 탈리앙은 애인 테레즈와 노닥거리며 공포정치를 갈취 수단으로 삼았다. 당시 테레즈는 수감상태였다. 테레즈는 탈리앙에게 칼 한 자루를 보내달라고 했다. 만약 로베스피에르를 제거하지 못해 자신을 감방에서 죽도록 내버려 두는 비겁한 사내 꼴을 보인다면 자살해버리겠다고 겁박했다.

탈리앙은 명령조로 발언을 요구했다. 그러면서 지난 밤에 정부의 누군가가 자기 이름을 거명했는데 오늘은 다른 사람이라니 당장 사실을 밝히자고 큰소리쳤다. 훈시 조의 그의 주장에 사방에서 환호하며 썰렁한 분위기가 감돌자 생쥐스트와 콜로조차 놀랐다. 사실, 탈리앙을 경멸한 존경받는 원로들이 막상 그가 개입하며 나서자 열광하며 반기다니 이상한 일이었다. 그가 대담하게 뛰어들 만큼 분명 무엇인가 믿는 구석이 있었다.

전날 저녁, 로베스피에르의 모호한 위협에 흥분한 과격파들은 정부의 내분을 이용해 모든 계파와 함께 로베스피에르에게 맞서 그를 제거하기로 했다. 온건파와 반혁명파도 모의에 가담했다. 로베스피에르만 쓰러뜨린다면 권력을 차지할 수 있다는 희망을 걸었다. 함께 모의한 이들의 기대대로 정부에서 불화는 즉시 불거졌다. 탈리앙의 고성이 그치자마자 비요바렌이 여러 위원과 함께 안으로 뛰어들었다.

그들에게 생쥐스트의 쪽지를 가져다준 집행관이 그가 연단에 오른다고 알리자 그들은 그의 발언을 가로막았다. 비요바렌이 "명령대로 움직여!"라고 외치자 콜로가 신호했고 비요바렌은 연단으로 올라갔다. 바레르를 지나가면서 그는 낮은 목소리로 말했다. "로베스피에르만 치고 쿠통과 생쥐스트는 건드리지 마!"

그들은 자기 세력을 통제할 수 있다고 상상할 만큼 미쳤다. 마치 아이처럼 어떤 말이나 행동 하나도 언제든 통제를 벗어날 수 있다는 점을 이해하지 못할 정도로 미쳐 있었다. 역사에 남길 자신들의 오명을 염려해 자기 행동의 결과에 선을 그으려는 듯 쿠통과 생쥐스트는 건드리지 말라고 했다.

비요바렌이 부른 눈사태는 자신은 물론이고 바레르와 콜로, 그 밖의 수많은 사람을 덮친다. 만약 비요바렌이 연설의 결과를 예상했다면 그렇게 황급히 연단으로 뛰어오르지 못했을 것이고 생쥐스트의 연설도 방해하지 않았으리라. 왜냐하면 브뤼메르 19일은 테르미도르 9일의 결과였을 뿐이니까. 격렬한 공화파 비요바렌은 연단으로 뛰어올라 결국 보나파르트가 쿠데타로 집권할 길을 터주고 말았다.

〈로베스피에르의 체포〉, 유화, 바르비에, 18세기, 프랑스 국립도서관.

생쥐스트는 그에게 연단을 양보했다. 그때 의회에서 벌어진 큰 싸움은 역사상 가장 위대한 군사 전투 못지않은 결과를 초래했다. 난투극이 벌어지는 4시간 30분 동안 생쥐스트는 연단에 기대선 채 비웃기만 했다. 단 한 번도 중간에 끼어들지 않았다. 생쥐스트는 극도로 냉정하고 차분하게 전장을 지켜보았고 어떤 식으로 전투가 끝날지 알고 있었다.

정신없이 도망치는 기병들이 보였다. 적이 앞에 있는 것도 아닌데 휘몰아치는 공포가 닥치자 저지할 수도 없이 공황 속에 빠질 것이다. 자기들끼리 서로 뒤엉키고 부딪치며 쓰러지게 될 것이다. 의회는 패주하는 기병대 같았다. 과격파 의원들이 능란하게 조성한 공포에 모든 의원이 완전히 사로잡혔다. 팽팽하게 긴장된 얼굴들, 목이 터지게 외치는 고함, 흥분해 떠들어대는 장광설, 모순된 주장을 지지하는 환호성……. 혼비백산해 어디로든 피신처를 찾아 도주하는 꼴이었다. 로베스피에르를 체포하자는 것이고 생쥐스트 자신과 쿠통도 마찬가지일 것이다.

그래도 그는 무력하고 한심한 모습을 보이지 않았다. 그와 달리 로베스피에르는 발언 기회를 달라고 부질없이 고집을 부렸다. 생쥐스트는 단 한 순간도 냉정을 잃지 않았다. 자신들의 체포령을 표결할 동안에도 또 친구 르바가 분개하며 악을 쓸 때도……. "이런 치사한 명령에 동의 못 해! 나부터 잡아가!" 생쥐스트는 로베스피에르가 동생 오귀스탱을 구하려고 절망적으로 몸부림치는 모습을 지켜보았다. 무의미한 노력이었다. 마침내 고발

된 사람들이 불려 나왔을 때, 생쥐스트는 담담하게 연설문을 비서 책상 위에 침착하게 내려놓고 어깨를 한 번 들먹이고는 동지들과 함께 밖으로 끌려갔다.

내전을 막으려는 결단

생쥐스트와 동지들은 치안위원회 부속건물로 끌려갔다. 그들은 자신들보다 공화국이 맞게 될 운명을 걱정했다. 방해로 미처 마무리하지 못한 연설에서 생쥐스트는 공화주의 제도의 개선안을 의회에 제출할 기회만은 만들어야 한다고 간절하게 다짐했다. 로베스피에르는 괴로움을 토했다. "공화국을 잃었어. 이제 협잡꾼들이 이겼어!"

매우 심각한 상황이었지만, 아직 절망적이지는 않았다. 혁명재판을 받을 기회가 있었고 그사이에 의회를 다시 장악할 수도 있었다. 로베스피에르와 생쥐스트가 민중 봉기를 기대하거나 원했을 리 없다. 충동적인 봉기로는 성공하기 어렵다. 오히려 봉기는 법정에서 사태가 뒤집힐 기회를 위태롭게 했을 것이고 심지어 성공한다면 곧장 내전을 일으켰을 것이다.

생쥐스트와 동지들이 체포된 지 한 시간 후 비상종이 울리자 당혹스러움을 금치 못했다. 어떤 운명이 닥칠지 알 수 없었다. 민중이 일어섰다. 종소리와 북소리가 울려 퍼졌다. 사람들이 무기를 들었다. 대포들은 도로 위로 굴러다녔다. 민중 봉기였다.

민중은 파리 시청, 즉 코뮌에서 열린 집정부 회의에서 체포된 사람들을 위해 죽을 각오로 싸우기로 결의했다. 국민방위대장 앙리오는 열정에 술기운까지 더해 급히 소집한 기병대원들과 함께 체포된 사람들을 구하려고 튈르리궁으로 향했다.

　　처음부터 운명은 몇 가지 실수했다. 앙리오는 필요한 모든 예방조치를 취하지 않았다. 칼집에 넘어져 장검만 휘두르다가 위원회 입구에서 경비병들에게 붙잡혔다. 그는 구하러 온 사람들 눈앞에서 꽁꽁 묶였다.

　　운명의 여신이 폭발시킨 민중 군단은 너무 강력하고 너무 각양각색이라 쉽게 통제할 수 없었다. 체포된 생쥐스트 일행은 독방에 각각 수감되었지만, 그들보다 더 공포에 떨었던 이들은 정부와 의회였다.

　　생쥐스트는 '에코세'[140] 감옥에 갇혔다. 붉게 떨어지는 햇살이 독방 창살 사이로 비추었다. 민중이 감옥 문을 열었을 때 운명의 여신은 코뮌의 전령이 되어 그에게 신호를 보냈다. "자, 나는 여기까지야. 이제 네게 맡길게. 수천 명이 시청 광장에서 기다려. 군대와 병마, 대포가 네게 있어. 자주 썼으니 그것을 쓸 줄도 알

140　혁명 당시 튈르리궁의 부속건물 북쪽 한구석 부분. 당시 '팔레 나시오날'로 이름을 고쳐 부르던 튈르리궁에 국민공회와 공안위원회는 작은 주랑 건물에, 치안위원회는 중앙의 카루셀 광장(지금 유리 피라미드가 서 있는 자리) 북쪽 별관에 입주했다. 에코세 별관은 그 부속 건물. 지금 튈르리궁의 대부분은 1874년의 큰 화재로 거의 사라졌다. 그 일부는 루브르 박물관으로 사용되고 있다.

〈테르미도르 9일 밤의 로베스피에르에게 파리 피크(창) 지역구민의 봉기를 명하는 명령장에
서명하라고 호소하는 파리 코뮌 집행부와 생쥐스트〉, 유화, 장조제프 베르스, 1897,
루베 라피신 박물관.

잖아. 나한테 두 장의 킹카가 있어. 너와 보나파르트. 우선 네 카드부터 쓰고 싶어”

생쥐스트는 운명의 여신에게 답했다. “나와 동지들은 재판도 못 받고 법적인 절차도 없을 거라고 방금 들었어. 그러니까 나는 잃을 것도 얻을 것도 없어. 내 대답은 걱정하거나 주저해서가 아니야. 나는 두려움 없이 바로 결론을 내릴 수 있지. 이미 증명도 했지. 유럽에서 가장 유명한 장군들을 상대로 내 군대를 승리로 이끌었잖아. 빗발치는 포화를 뚫고 맡은 임무를 다했어. 바라스나 부르동 같은 겁쟁이들을 비웃었지.

내가 튈르리궁에 칼을 들이대면 란다우나 샤를루아에서처럼 모두 나를 따르겠지. 혁명의 독재자는 로베스피에르가 아니라 내가 돼야 한다면서. 하지만 나는 조국을 피로 물들이겠지. 항상 이겼듯이 이길 수야 있겠지만, 무슨 대가를 치르게 될까? 나는 냉혹한 사람이 아니야. 내가 인명을 무시했다고? 신념과 조국을 지켜야 했을 때뿐이지. 운명의 여신! 그대 뜻대로 해. 그리고 그대가 좋다는 길을 선택해. 동지들과 나는 죽음에 이르겠지만, 그대로 지켜보기만 할게”

운명의 여신은 안달했다. “그럼, 공화국이 죽게 돼!”그러자 생쥐스트가 다시 대답했다. “그런 방법으로 공화국을 구한다면 나는 조국을 죽이게 될 거야” 생쥐스트가 신념에 따라 운명의 여신에게 마지막 답을 하자 저항은 이제 명분을 잃었다. 운명의 여신이 파리 사람들을 결집했던 이유는 로베스피에르를 위해서가 아니었다. 생쥐스트를 위한 것이었다. 그는 그들을 승리로 이끌 수 있는 유일한 사람이었다.

감옥에서 빠져나온 로베스피에르는 잠시 후 시청에 도착했다. 경찰 당국자들이 코뮌에 전한 편지를 보면 그는 무력에 의존하기로 결심했다. 같은 방법으로 지난해 의회를 압박해 지롱드 회원들의 체포령을 성공적으로 받아냈다. 폭동이 조직될 수 있도록 결정적인 행동을 하루 이틀쯤 늦추기를 원했다. 전선에서 연승가도를 달려온 승장 생쥐스트가 그의 곁에 있었다.

생쥐스트는 치명적 실수를 저지르는 로베스피에르를 보았다. 위급한 상황에서 벗어나 다시 국민방위대장으로 돌아온 앙리오의 무능을 보았다. 그러나 생쥐스트는 명령도 조언도 자제했다. 적 앞에서 도망치지 않도록 대원들을 독촉했던 생쥐스트였다. 그러나 이번에는 광장에 내려갈 생각조차 하지 않았다. 코뮌을 지키는 소수만 남겨둔 채 집으로 돌아가는 나머지 사람들을 붙잡지 않았다.

생쥐스트는 바라스가 연합 전선을 맺고 의회에서 끌어모은 인원으로 기습을 감행할 거라고 예상했다. 하지만 앙리오에게 기습에 대비할 조치를 지시하지 않았다. 방어 태세를 점검하지도 않았다. 상대편의 움직임을 관찰할 정찰병을 보내라고 명령하지 않았다. 보냈는지도 묻지 않았다.

생쥐스트는 놀라지 않았다. 그는 타고난 군인이었다. 총격과 전투 소리가 났을 때 적이 습격했다는 것을 단번에 알았다. 헌병에게 총격받고 바닥에 쓰러지는 로베스피에르를 보았다. 안으로 몰려드는 무장한 자들을 보았다. 총으로 자신을 쏘는 르바를 보았다. 창문을 뛰어넘다가 총검 앞에 붙잡힌 오귀스탱을 보았다. 그래서 생쥐스트는 한 걸음 나아가 자기희생을 상징으로 남을 상징적 몸짓을 취했다. 그는 손목을 내밀어 결박을 자청했다.[141]

혁명광장에서 맞은 최후

생쥐스트는 치안위원회로 끌려갔다. 그곳으로 부상당한 로베스피에르를 이미 옮겨두었다. 그는 탁자 위에 쭉 뻗어있었다. 나무상자로 머리를 받쳤다. 코뮌의 관리 파양[142]이 생쥐스트 곁에 있었다. 로베스피에르를 둘러싼 사람들에게 누군가 말했다. "비킵시다. 자자. 자기네 왕을 보여주자고!" 생쥐스트의 충혈된 눈이 부어올랐다. 이틀 밤을 꼬박 새운 탓이었을 테지만, 그 눈으로 쓰러진 동지를 물끄러미 바라보면서 끓어올랐을 감정을 억눌렀다.

그들 모두 콩시에르주리 감옥으로 이송됐다. 그곳에서 카르

---

141 르바는 스스로 머리에 방아쇠를 당겼다. 로베스피에르가 헌병 메르다의 총에 맞았다거나 스스로 자결하려다 실패했다거나, 또는 우발적인 오발이었다는 등 다친 이유는 불확실하다. 어쨌든 로베스피에르는 혼전 중에 부상했다. 생쥐스트는 부상 없는 상태로 항복했다.

142 파양Claude-Francois de Payan(1766~1794). 파리 코뮌 혁명정부에서 일종의 민정관 업무를 담당했다. 로베스피에르의 열렬한 측근이다. 중앙집정부와 각 지역자치구의 행정과 사법권의 집행과 관련된 업무를 총괄했다.

〈1794년 7월 28일, 혁명광장에서 집행된 생쥐스트와 로베스피에르와 동지들〉, 판화, 작자미상.

단두대에서 이미 목이 잘린 인물은 쿠통이다. 계단을 오르는 인물은 오귀스탱 로베스피에르. 로베스피에르와 생쥐스트는 수레에 앉아 대기중이다.

노가 모호한 구실로 투옥한 오슈 장군과 마주쳤다. 그들은 묵묵히 두 손을 꼭 잡았다.

단두대로 끌려가는 수레에서 생쥐스트는 꼿꼿이 서 있었다. 모자를 벗은 머리에 푸르스름한 잿빛 눈으로 운집한 군중 너머 허공을 응시했다. 그에게 구국의 정신을 물려준 잔 다르크도 화형대로 끌려갈 때 이런 모습 아니었을까?

1794년 7월 28일 오후 6시, 생쥐스트는 혁명광장에서 로베스피에르와 동지 스무 명과 함께 세상을 떠났다. 스물일곱 해를 다 채우지 못했다. 시청에서 붙들려 광장에서 그의 머리가 바구니에 굴러떨어질 때까지, 생쥐스트는 거의 몇 마디 하지 않았다. 짧고 굵고 깔끔한 인생이었다. 그는 스스로 묘비명을 썼다.

영웅은 결코 침대에서 죽지 않는다.

사형 집행인이 잘린 생쥐스트의 머리를 들어 군중에게 보여주었다. 그 청년이 좀 더 살았다면 유럽의 운명은 얼마나 달라졌을까!

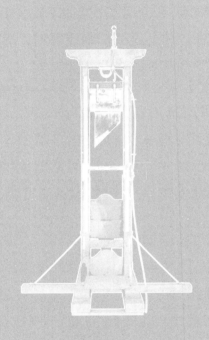

Vivre libre ou mouri

옮긴이 글

『죽음의 대천사 생쥐스트 : 프랑스대혁명의 젊은 영웅』은 랄프 코른골트(1882~1964)의 『생쥐스트』(베르나르 그라세, 1937)의 한국어 번역본이다. 프랑스대혁명이라는 역사상 가장 위대했던 인류의 투쟁과 비극을 생쥐스트 한 사람의 생애를 통해 들려주는 보기 드문 책이다. 프랑스어판으로 먼저 출간된 뒤 유럽 각국에 번역본이 나왔다.

생쥐스트는 혁명의 절정이자 고비였던 1792년부터 1794년까지 단 3년간 공화주의 이상사회를 꿈꾸며 싸우던 프랑스를 구하려고 했지만, 동지들의 배신에 희생되었다. 정의라는 미덕을 하늘처럼 떠받들며 지상에도 공평한 사회를 만드는 데 한몫하겠다고 고대의 스파르타 사회를 꿈꾸던 청년이다. 프랑스대혁명의 진정한 주인공은 이름 없는 많은 시민이었지만, 생쥐스트는 마치 더블캐스팅으로 등장하는 주연처럼 매우 특이한 역을 맡았다. 정의에 굶주린 사람들 대신 정의의 법을 세우려고 칼을 휘둘렀다.

생쥐스트의 본격적인 전기[143]를 처음으로 내놓은 작가 에르

---

[143] 에른스트 아멜 Ernest Hamel. *Histoire de Saint-Just député à la Convention nationale*(Paris: Poulet-Malassis et de Broise, 1859).

네스트 아멜의 예견대로 생쥐스트에 관한 관심이 최근 폭증하고 있다. 학계와 전문가들, 대중문화에서도 생쥐스트를 다시 보려는 움직임이 활발하다. 1970년대 이후부터 시작된 그에 관한 재평가에 이어 2000년대 이후 그의 전작집을 비롯한 방대한 자료가 정리된 덕분이다.

생쥐스트의 첫 번째 전기는 E. 아멜이 1859년에 내놓았지만, 독자에게 소개하기에는 너무 방대하고 낯선 참조로 넘친다. 따라서 역사를 옛날이야기처럼 들려주고 싶어 했던 미슐레의 정신에 충실한 저자의 책을 선택했다. 특히 청년 혁명가의 순수한 신념과 그를 구심점으로 대혁명의 굵은 줄기를 더 뚜렷하게 이해할 수 있다는 점이 소중했다.

저자는 생쥐스트를 프랑스대혁명의 혼으로 바라보았고 로베스피에르와 함께 공화국 그 자체로 간주했다. 시시각각 방대한 스펙터클로 넘치는 사건을 누구나 가깝게 접근할 수 있는 한 편의 전기로 엮어내었다. 생쥐스트는 노인의 지혜를 능가하는 청년의 용기로 영원히 시들지 않는 프랑스대혁명의 정신이었다. 자유와 평등, 박애 정신은 원숙한 노인의 지혜와 계몽사상의 결실이지만, 무엇보다 그것을 믿고 실천한 청년의 혼이었다. 역사상 그어느 주의나 주장도 이처럼 젊고 아름다운 적은 없었다.

저자 코른골트는 성공한 사업가였지만, 문학청년의 꿈을 포기하지 않았다. 어두운 심연을 들여다보기 좋아했던 폴란드 선배 소설가 조지프 콘래드Joseph Conrad를 모범으로 삼으려 하지 않았을까? 저자는 같은 시기에 코트 다쥐르의 이에르Hyeres를 찾았던 콘래드를 만났을 법하다. 이에르와 툴롱에 오가며 나폴레옹 보나파르트의 발자취도 추적했을 테지만, 대혁명의 역사가 미슐레와 소설가 로버트 루이즈 스티븐슨이 그곳에 남긴 자취에도 무심하지 않았을 것이다.

블레랑쿠르에 있는 생쥐스트의 어린 시절 집은 기념관 겸 지역 관광안내소가 되었다. 구덩이에 던져졌던 그의 유해는 파리 지하 묘지에 있지만, 프랑스의 위인들이 있는 팡테옹과 남부 이제르 강변에 있는 프랑스혁명기념관, 그가 배격한 베르사유궁의 프랑스 역사기록관, 파리 시사박물관 카르나발레 등 프랑스대혁명의 기억을 간직한 곳마다 그의 초상이 걸려있다. 또 그의 이름을 기념한 길과 학교, 공공기관은 수없이 많다.

생쥐스트는 날이 갈수록 더욱더 고결하고 높이 평가받을 청년이다. 거대한 민중 드라마의 주인공을 훗날 태평 시대의 지도자 다루듯 평가할 수는 없다. 혹평하기 전에 당시의 엄혹한 위험을 되새겨보아야 한다. 혁명가들은 위기를 극복하려면 폭력밖에 별다른 수단이 없었다. 첩첩산중 같은 안팎의 적들과 대치 중이었다. 그들은 아름다운 신념과 깊은 인류애에 취해 다시없이 공평무사했다. 그들을 추앙한다고 무엇이 두려울까. 원칙에 충실히 하려 자신을 바친 희생자들 아닌가. 대혁명의 길에서 대의를 위해 목숨을 바친 모든 청년 가운데 생쥐스트야말로 가장 출중했다. - E. 아멜

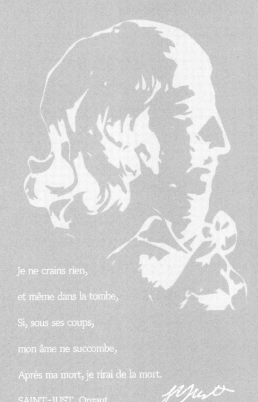

Je ne crains rien,

et même dans la tombe,

Si, sous ses coups,

mon âme ne succombe,

Après ma mort, je rirai de la mort.

SAINT-JUST. Organt.

루이앙투안 레옹 드생쥐스트

Louis Antoine Léon de Saint-Just

1767~1794

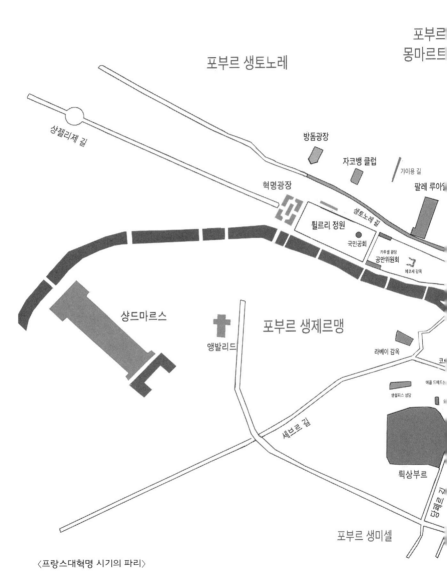

<프랑스대혁명 시기의 파리>

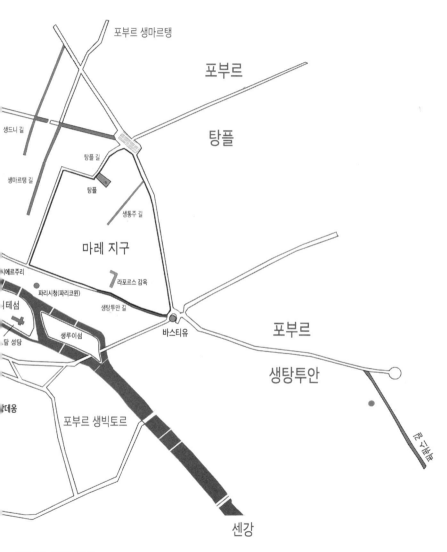

포부르 생드니

포부르 생마르탱

포부르

탕플

생드니 길

탕플 길

생마르탱 길

탕플

생통주 길

마레 지구

피예르주리

라포르스 감옥

파리시청(파리코뮌)

시테섬

생탕투안 길

노트르담 성당

생루이섬

바스티유

포부르

생탕투안

그데옹

포부르 생빅토르

파리 시벽

센강

포부르 생마르셀

영국

영국해협

캉•

방데•

대서양

보르도•

지롱드

소•

〈프랑스대혁명 시기의 프랑스와 주변 나라〉

에스파냐

〈공화국 여신상을 설치하는 사람들〉, 니콜라앙투안 토네, 유화, 1793?, 프랑스 혁명기념관.

죽음의 대천사
생쥐스트
프랑스대혁명의 젊은 영웅

초판 1쇄 발행 | 2023. 01. 06.

지은이 | 랄프 코른골트

옮긴이 | 정진국

펴낸이 | 이노아

편집·디자인 | 아나크로니

편집자문 | 박세경

인쇄·제책 | 예림인쇄

펴낸곳 | 다큐멘토

주소 | 경기도 파주시 문발로 145 아시아출판문화정보센터 전시정보동 202호

팩스 | 0504 083 8437

이메일 | documentor.books@gmail.com

등록번호 | 제2020-000063호(2020.03.11)

가격은 뒤표지에 있습니다.

ISBN 979-11-971850-6-9